互联网时代背景下
新媒体营销策略研究

匡 晶◎著

全国百佳图书出版单位
吉林出版集团股份有限公司

图书在版编目（CIP）数据

互联网时代背景下新媒体营销策略研究/匡晶著
.--长春:吉林出版集团股份有限公司,2023.6
ISBN 978-7-5731-3710-4

Ⅰ.①互... Ⅱ.①匡...Ⅲ.①网络营销－研究Ⅳ.
①F713.365.2

中国国家版本馆CIP数据核字(2023)第115431号

HULIANWANG SHIDAI BEIJING XIA XINMEITI YINGXIAO CELÜE YANJIU

互联网时代背景下新媒体营销策略研究

著　　者：匡　晶
责任编辑：欧阳鹏
封面设计：冯冯翼
开　　本：720mm×1000mm　1/16
字　　数：270千字
印　　张：14.5
版　　次：2023年6月第1版
印　　次：2023年6月第1次印刷

出　　版：吉林出版集团股份有限公司
发　　行：吉林出版集团外语教育有限公司
地　　址：长春市福祉大路5788号龙腾国际大厦B座7层
电　　话：总编办：0431-81629929
印　　刷：吉林省创美堂印刷有限公司

ISBN 978-7-5731-3710-4　定　　价：87.00元

前　　言

当今,互联网不断发展,已经渗透到整个社会的各个方面,并深刻改变了人类社会的运行方式。"互联网+"代表了一种新的经济形态,可以理解为将互联网的创造性成果融合到经济社会的各个领域,并将其在生产要素配置中的集成优化作用发挥得淋漓尽致,进而带动技术的进步、效率的提升,甚至是组织的变革,从而提高实体经济创造力和生产力,最终达到一种全新的经济社会发展状态。

在互联网环境的影响下,新媒体的用户数量不断增加,逐渐体现出营销价值,许多企业也在借助新媒体开展营销活动,但真正利用新媒体进行有效营销的企业却不多。值得注意的是,并非所有企业都适合借助新媒体的力量来进行营销,企业需要结合自身的状况,采用适合的新媒体营销模式。新媒体并不是简单套用就可以的,面对现阶段还存在着的诸多问题,从企业角度来说,如何利用新媒体现有的功能,开展新媒体营销活动,从而形成营销模式是非常值得研究的问题。

本书希望通过对新媒体营销的研究,将传统企业与新媒体有效地连接起来,通过更加行之有效的方法,让更多的企业通过新媒体对自己的品牌进行有效的推广。

目　　录

第一章　互联网下的新媒体

第一节　"互联网＋"及新媒体概念

一、关于"互联网＋"

李克强总理在 2015 年的政府工作报告中提出"制定'互联网＋'行动计划"后，"互联网＋"就成为近几年炙手可热的词汇之一。"互联网＋"的核心技术包括大数据、云计算、移动互联网技术、物联网技术，这些技术既是互联网时代的支柱，也是实现商品交易在线化和数据化的必要媒介，更是现代信息加工处理的重要工具。因此，"互联网＋传统产业"是一种新的竞争力，技术应用和创新是核心，互联网技术和企业的协同创新是重点。近些年，传统行业的转型升级是刻不容缓的，而"互联网＋"是强大的驱动力，它对传统产业的影响可以总结为：使过程科技化、市场全球化、交易无形化、竞争完全化。2018 年 4 月，习近平总书记在全国网络安全和信息化工作会议上发表重要讲话，系统阐述了网络强国的重要思想，充分强调了网信事业的发展对新型工业化、城镇化、农业现代化发展的带动作用。"互联网＋"的推动作用完全证明了"科学技术是第一生产力"的真理性。

随着我国网络覆盖范围显著扩大，连接速度不断提升，使用费用持续降低，互联网与各产业的融合程度进一步加深。据中国互联网络信息中心的数据显示，截至 2022 年 12 月，我国网民规模达 10.67 亿，互联网普及率为 75.6 %，我国手机网民规模达 10.65 亿，网民通过手机接入互联网的比例高达 99.8 %。其中，网络娱乐市场需求强烈，网络文学用户阅读方式多样。短视频应用迅速崛起，截至 2022 年

12月,有10.12亿的用户使用短视频应用,以满足碎片化的娱乐需求。与此同时,网络文化娱乐内容得到进一步规范,网络音乐、文学版权环境逐渐得到完善,网络游戏中违法违规内容得到整治,视频行业构建起以内容为核心的生态体系,直播平台进入精细化的运营阶段。

二、新媒体的概念和内涵

新媒体(New Media)概念是1967年由美国哥伦比亚广播电视网(CBS)技术研究所所长戈尔德马克(Goldmark)率先提出的。

新媒体是一个相对的概念,目前所谈的新媒体包括网络媒体、手机媒体、数字电视等形态。但回顾新媒体的发展历程,就可以看到新媒体是伴随着媒体的发生和发展而不断变化的。

广播相对于报纸是新媒体、电视相对于广播是新媒体、网络相对于电视是新媒体。科学技术在发展,媒体形态也在发展,像手机杀毒软件一样,过去只是一个工具软件,但自从它带了装机软件推荐、自动弹窗等功能,就具备了媒体传播特性,人们既注意到它的工具化属性,也应注意到它的媒体化能量。

对于新媒体的界定,至今没有定论。有些研究新媒体的文章指出新媒体包括互联网媒体、数字电视、移动电视、手机媒体等,网上很多文章把博客、微博、微信订阅号等也称为新媒体。

那么,到底什么是新媒体?

国内外学术界目前可查到的新媒体的定义不下50种。这些定义可大体上分为两类。第一类强调其介质与载体的特性。比如,美国《连线》杂志对新媒体曾有一个定义:"所有人对所有人的传播。"这个定义过于宽泛,如人和人之间的口碑传播,有些是借助新媒体,有些还是借助日常交往。联合国教科文组织对新媒体下的定义是:"以数字技术为基础、以网络为载体进行信息传播的媒介。"这个定义过于简单。本书中谈到的新媒体是指基于数字网络出现之后的媒体形态,凡是利用数字技术、网络技术,通过互联网、宽带局域网、无线通信网等渠道,以及计算机、手机、数字电视机等数字或智能终端,向用户提供信息和服务的传播形态,都可以看作新媒体。第二类定义是以行业作为着眼点。比如,中国传媒大学电视与新闻学院的宫承波教授将新媒体按横向和纵向分类。其中,横向划分将新媒体形态分为两类,第一类涉及移动端媒体(手机和iPad)、网络媒体及交互式媒体;另一类是楼宇电视、移动产业。

严格地说,新媒体应该是数字化时代到来之后出现的各种媒体形态。新媒体是建立在数字技术和网络技术等信息技术基础之上的。如果传统媒体开始利用信息技术改造自身的运营模式,那么这些传统媒体也可以变成新媒体。例如:电视属于传统媒体,但是经过数字化改造的数字电视,就可以被看作是新媒体的一种;传统报纸升级为数字报刊后,也是新媒体的一种。新媒体的定义是一个动态进化的过程,网络上层出不穷的新媒体形式一方面反映出新媒体发展之快、变化之多,另一方面也说明了关于新媒体的研究还有待深入。

基于本书的研究内容,笔者认为的新媒体是利用互联网等先进技术手段将信息传递给受众的载体和平台,它不仅可以凭借新技术诞生新的行业,也可以与传统行业进行深度的融合,并对受众产生预期效应。

三、新媒体的主要特征

进入互联网时代后,新媒体层出不穷,作为一种新的媒介形态,它基于数字、网络等方面的技术优势,既是集文字、图片、声音、视频于一体的"多媒体",又是融合广播、报纸、电视等功能于一身的"全媒体"。新媒体与传统媒体之间并不是取代和被取代的关系。具有互联网基因的新媒体继承了传统媒体的许多优点并拓宽了传播的方式与渠道,具有更鲜明的特征。

(一)数字化与虚拟性

新媒体源于互联网的发明与普及,数字技术的应用是推动新媒体发展最重要的因素,新媒体从某个方面来说可以被称为数字新媒体,数字化是新媒体最显著的特征。数字技术通过与新媒体相结合,将不同的信息进行整合和编码后转换为符号,进行语言系统的重组,最终呈现为计算机语言并对其进行传输和存储,从而改变了传统媒体的形式,实现了信息的高速流动。它具有扩大信息传播、丰富人们感官体验的作用。随着新媒体技术的成熟,现实世界与虚拟世界之间的界线逐渐模糊,新媒体的信息传播和交流与现实的社会行为相异,其通常借助信息载体的数字化和虚拟性得以实现。虚拟性包括三种情况,即信息本身的虚拟性、传播关系的虚拟性和空间的虚拟性。新媒体的这一特性对人类社会既有益处也有一定危害。首先,新媒体提供的虚拟空间可以进一步拓宽人类的生存空间,丰富人们的生活体验;但与此同时,虚拟的传播关系对社会道德意识产生了一定的消极作用,虚假信息的传播也会给大众带来诸多的负面影响,引发一些社会问题。

(二)碎片化与交互性

碎片化是新媒体的一个突出特征。相较于传统媒体传播效果的大众化、全面化,新媒体侧重于简单、快速的信息传播方式。所谓碎片化传播,主要是指完整的信息通过网络、手机等媒介的再编辑与传播呈现块状、零散的描述形式,导致信息、受众与媒介细分化的现象。信息源的多样化是其产生的重要原因,它使信息质量参差不齐,进而使人们获取到的信息呈现碎片化特性。新媒体改变了传统媒体,改变了受众被动地接收发送者传达的信息的特点,实现了传播者和受众之间双向的信息互动,打破了信息传播的身份限制,信息交流过程中的双方都有控制权和话语权。借助电脑、手机等移动终端,人人都可以发布信息,实现信息的即时接收、传播、反馈和互动,有利于信息传播双方甚至多方的即时理解与沟通。

(三)海量化与时效性

传统媒体在传播信息时受限于版面、时间等多种因素,信息容量非常有限。而新媒体依托数字技术,由于信息存储数字化,可存储的信息内容无限多,成就了其海量的信息以及丰富的内容。新媒体所发布的信息不受制作周期、截稿时间以及身份的限制，促进了传播效率的提升，实现了信息的随时发布、即时传输，尤其是它对一些突发事件的报道可以将"第一时间"和"第一现场"牢牢掌握，实现了信息的即时性传播。传播受众可以不受时空限制，通过网络获取自身所需要的信息。

四、新媒体的主要类型

每个时代的媒介都因技术的发展而呈现出不同的传播特点。新媒体就是一种建立在数字技术和网络技术上的"互动式数字化复合媒体"，包括网站、博客与微博、微信、移动端媒体、数字电视及社群等新兴媒体。作为技术不断更新的产物，新媒体以其形式丰富、互动性强、渠道广泛、覆盖率高、传达精准、性价比高、推广方便等特点在现代传媒产业中占据越来越重要的位置。

（一）网站

1. 第一代新媒体：门户网站

互联网在中国开始广泛地为人所知，是始于1998年开始的门户网站建设热潮。当时人们对建设互联网的热情一点都不亚于今天建设移动互联网的热情，当时人们热衷建设的网站是门户网站。门户网站，通俗地说就是进入互联网的一个入口，只要进入网站你就可以获取你所需要的所有信息，或者到达任何你想要到达的其他网站。

很多门户网站在发展起步阶段，只是提供搜索服务和网站目录服务，但是在后来的发展中，这些门户网站快速地拓展各种新的业务，如电子邮件、发布新闻、在线调查、开通话题专栏、提供论坛博客等，功能越来越全面，架构也越来越复杂。

创立于1994年的美国雅虎网站就是一个链接合集网站，雅虎为用户整合了互联网上的优质网站链接，不断收录新的优质网站，大大节约了网友查找网站的时间，最后逐步发展成为一个互联网门户入口，红极一时。早期的中文门户网站正是模仿雅虎模式发展起来的。时至今日，所有的新闻门户网站都发展成了栏目多元化的综合性网站,当今的门户网站首页也与当年的有非常大的区别。

门户网站按获取的信息内容区分,可分为综合型门户网站和垂直型门户网站。综合型门户网站是指主要提供新闻、搜索引擎、聊天室、免费邮箱、影音资讯、电子商务、网络社区、网络游戏、免费网页等服务的网站。新浪、搜狐、网易、腾讯四大网站就是典型的综合型门户网站。而专注 IT 领域的"中关村在线"、专注汽车领域的"汽车之家"、专注财经领域的"东方财富"、专注房产的"搜房网"、专注教育资源的"中国教育出版网"、专注工程机械的"中国工程机械商贸网"等都为典型的垂直型门户网站。

2. 移动门户:微网站

绝大多数的门户网站,通过网络可以直接访问。当门户网站信息比较丰富的时候,单个页面放不下,就需要设置页面导航。首页上放重点信息,然后通过文字链接、图片链接让用户进入更多的子栏目页面。从门户网站的结构来看,网站首页的传播效果最好,门户网站主要的传播能力都来自首页。

随着移动互联网时代的到来,人们更多地喜欢在移动终端获取信息,很多门户网站为了适应手机阅读,有针对性地设计了手机门户网站,由此出现了微网站。

微网站是源于 Web App 和网站的融合创新,兼容 iOS、Android、WP 等各大操作系统,可以方便地与微信、微博等应用进行链接,适应移动客户端浏览市场对浏览体验与交互性能要求的新一代网站。微网站的出现更适应移动互联网的特性,其信息展现形式更多样,更适合碎片化阅读。不过,其与门户网站有一个巨大的区别就是,微网站首页能展示的有效信息量非常少,所以用户在门户网站和微网站上的阅读习惯是不同的。

在门户网站上,一次性弹出的信息量很大,人们的阅读习惯是把感兴趣的内容一口气点开,然后等页面刷新,逐个阅读后再逐个关闭。而在微网站上,人们的阅读习惯是看到感兴趣的内容后才会打开阅读。手机屏幕很难支持多个页面切换,所以阅读习惯是一层层进入。一旦打开某个页面,在相对短的时间内很少受到干扰,反而可以获得更专注的阅读体验。

（二）博客与微博

1. 博客

博客（Blog）来源于 Weblog。Weblog 指网络日志,是一种以网络作为载体,由个人管理、张贴新的文章内容和图片,以及视频的网页或在线日记。它用来记录、抒发情感或分享信息,以及传播个人思想,是带有知识集合链接的出版方式。

1999 年是博客开始高速增长的一年,主要是由于 Blogger、Big Blog Tool 等众多自动网络出版免费软件的出现,而且它们往往还提供免费的服务器空间。有了这些,博主就可以零成本地发布、更新和维护自己的网站。早期,人们会在博客上分享自己的所见所闻、身边发生的事、知识技能、思考感悟等,看一个人分享的博客内容,可以走进一个人的内心,能大概知道一个人的喜好,还能通过文字感受到一个人的喜怒哀乐。相比论坛碎片化的话题,博客让个人的面目、性格更清晰可见,更容易获得大家的认可和关注阅读。

2. 微博

微博,即微博客（Microblog）的简称,是一个基于用户社交关系的信息分享、传播以及信息获取的平台,用户可以通过微博平台发布 140 字左右的文字内容,并实现即时分享。微博之所以叫微型博客,从某种意义上讲,它属于博客的一种类型。2009 年以来,随着推特、饭否等微博客的兴起,以新浪微博为代表的中国国内的微博客也迅速发展,吸引了大量博主加入,还扩展了大量普通人群进入微博关注和"互粉"。2010 年后的三年中,微博成为当时最热门的新媒体。2012 年的新浪微博走到其巅峰状态,用户规模达到 3.09 亿,手机微博用户规模达到 2.02 亿,即高达65.6% 的微博用户使用手机终端访问微博。即便它在今天已经不复昔日之辉煌,但依然号称每日有 6 000 万活跃用户,它是博客之后的又一个典型的新媒体应用。

微博兴起和智能手机开始普及的关系很大,用户可以利用 PC、手机等各种可连接网络的终端进行访问,随时随地发布文字、图片、音频、视频等信息,再将自己的最新动态以短消息、短信等形式发送给关注者。

微博逐步取代博客的影响力,除了更适应移动终端,还有如下原因。

（1）入门简单方便

140 个字符的表达长度大大降低了写作和分享的门槛,因此大受普通用户的青睐。用户可以通过计算机和手机客户端随时随地发布文字、图片、视频,更新信息。微博在编辑的过程中无须离开个人首页,只需在文本框内输入文字即可。博客则没有字数限制,但在写作时需要打开另外一个页面进行编辑。因此,编写一条微博比写一篇博客所需要的时间要少得多,发布的过程也更迅速。

（2）利用碎片时间

微博的内容简短,仅在 140 字以内,提供的信息也是碎片式的,往往就是一句话、一张图片。微博可以充分利用碎片化时间进行写作和阅读,这方便了更多日常工作比较忙碌的人进入微博进行微分享。虽然微博内容大多不成系统,文本呈碎片化,但加快了交流速度,降低了交流成本,强化了人与人之间的即时互动交流感。

（3）互动性较强

微博有关注功能,即用户可以对其所感兴趣的人进行关注或者加为好友。关注之后,对方在微博上公开发出的所有信息都会显示在用户的个人首页上,并随着时间自动更新。用户可以选择对自己所关注的信息进行转发或评论。这些转发和评论都会在页面上给原作者以提醒,而原作者又能通过提醒功能查看其他人的留言和评论,能及时回复消息或者回答问题。同样的,受众也能通过计算机、手机等利用碎片化时间即时接收传播者所发布的多媒体信息,并加以互动。

（4）具有较强的社交传播性

随着微博用户的不断增长,微博所能发挥的效用也越来越大。例如,《人民日报》发布一条新闻,会瞬间被网友转发上万条,进而更多的网友就能迅速得知该条新闻的信息。

3. 微博营销

微博是一个颇为神奇的新媒体,像是进化版的博客,但微博的出现具有划时代的意义,标志着个人互联网时代的到来,它极大地拉近了网络上名人与普通用户的距离。由于在微博上可以轻易实现流量导流,企业能自建微博吸引粉丝,开展微博活动,打造购物闭环也非常便捷,目前很多企业利用微博营销。

从人性化角度上看,企业微博本身就可以将企业拟人化,使其更具亲和力。例如,小米公司在新浪微博上开通官方账号吸引了大量粉丝,从而通过各种微博活动进行促销,吸引了大量用户转发、参与微博活动,为产品宣传带来了很好的正面影响。今天的微博营销不仅可以做产品品牌宣传,还能够直接引导消费者在线支付和购买,实现完整的业务闭环。更重要的是,企业可以借助微博的转发放大自己的活动能量。微博最显著的特征之一就是传播迅速。一条微博在触发微博引爆点后,短时间内进行互动性转发就可以抵达微博世界的每一个角落,达到短时间内最多的互动人数。因此,企业主可以请明星、名人帮助转发自己的活动微博,让自己的品牌活动借助明星、名人微博的影响力进行扩散,这是传统的博客营销很难做到的。此外,通过微博头条、微博粉丝通等广告平台,企业也可以让成功的微博活动能量进一步扩大。

(三)微信

1. IM 即时通信

Instant Messaging(即时通信、实时传信)的缩写是 IM,这是一种可以让使用者在网络上创建私人聊天室进行交流的实时通信服务。使用者通话清单(类似电话簿)上的某人连上 IM 时,IM 服务会发出信息通知使用者,使用者便可据此与此人通过互联网进行实时通信。除了文字,大部分 IM 服务现在也提供语音或视频通信的功能,且已经可以取代传统电话功能。实时传信与电子邮件最大的不同在于不用等候,不需要每隔两分钟就按一次"传送与接收",只要两个人同时在线,传送文字、档案、音频、影像给对方就都可以进行实时互动。

IM 最早的创始人是三个以色列青年,他们在 1996 年开发出 IM,取名叫 ICQ。1998 年当 ICQ 注册用户数达到 1 200 万时,AOL(美国在线)看中了它并以 2.87 亿美元的天价买走。2008 年 ICQ 拥有 1 亿多用户,主要市场在美洲和欧洲,成为当时世界上最大的即时通信系统。在中国的互联网上,目前有一定规模用户的即时通信软件包括腾讯 QQ、微信等。

新浪在这个领域也可以说是先行者,早在 1999 年,新浪就推出了一款 IM 工具叫 Sinapager,当时这款工具的功能应该说已经很强大了,比腾讯的 QQ 毫不逊色,而且当时用户并不少。但在 1999 年并没有多少人认为即时通信会有良好的出路,因为这种需要随时挂在网上的聊天工具一直受制于互联网只能拨号上网的方式,所以新浪当时没有专注于 IM 领域。

即时通信的转机出现在 2003 年,当年腾讯宣布 QQ 同时在线人数达到 492 万人时,整个互联网产业开始因即时通信而沸腾。先是网易开始发力,在北京推出了新版的即时通信软件——网易泡泡 2004;然后是新浪花 3 600 万美元收购了已有巨大用户群的 UC;搜狐在 2004 年年初推出即时通信软件"搜 Q";微软的 MSN 也进入中国进行推广。2005 年,eBay(美国线上拍卖及购物网站)以四十多亿美元的价格收购了做语音即时通信的软件 Skype,不过此时 Skype 并没有实现盈利。之前,搜索引擎巨头 Google 开发了自己的语音即时通信聊天工具 Google Talk。一时之间,即时通信与搜索引擎一起成为最热门的互联网领域。但结果是,在国内市场上生存下来的即时通信软件只有腾讯一家,即时通信市场几乎被腾讯垄断,MSN、Skpye、Google Talk 等产品都没有在中国市场上取得成功。

2. 微信简介

在即时通信领域,腾讯始终保持领先地位,2011 年腾讯在其内部推出了一款新的即时通信工具——微信(We Chat)。这款明星 IM 产品在短短两年内覆盖了中国几亿用户而且走出了国门,时至今日已成为一款风靡全球的主流 IM 应用。

微信是腾讯公司推出的一款为智能终端提供即时通信服务的免费应用程序。微信支持跨通信运营商、跨操作系统平台,通过网络快速发送免费(需消耗网络流量)语音短信、视频、图片和文字,同时微信提供公众平台、朋友圈、消息推送等功能,也可以使用通过共享流媒体内容的资料和基于位置的社交插件"摇一摇""漂流瓶""语音记事本"等服务插件。随着移动互联时代的到来,微信不仅继承了 QQ 的用户,还不断发展新的用户和新的玩法。随时随地"微信见面"成为一种日常,人均微信通讯录朋友数量也比前些年有了显著增长。

3. 微信营销

微信是时下中国最火的新媒体平台,如何借助微信平台开展营销活动,也成了很多商家考虑的问题。目前来看,微信营销包括四种模式。

(1)微信公众号模式

不管是企业还是个人都可以开通微信公众号,通过微信公众号能够推送文章并给用户提供需要的服务。有的企业微信公众号积累了几千万用户,可以直接针对自己的客户进行精准的信息推送,大大提高了企业的用户管理和运营水平。不少官方媒体也纷纷开设微信公众号,发表自己的文章和观点,如人民日报微信公众号,文章阅读量经常超过 10 万。

(2)微信朋友圈营销

在微信朋友圈经常会看到朋友分享的内容,所以有的人就通过加好友的方式在朋友圈发软性文章做推广。微信目前限制好友数量的上限是 5 000 人,假如你拥有 5 000 个好友的话,就相当于拥有了一个活跃度很高的微博账户。通过在朋友圈发导购信息,然后转入微信私聊,进入微店成交,已经成为很多电商运营的重点模式。

（3）微店模式

微信鼓励和支持企业商家在微信平台上开店,把自己的产品和服务通过微信支付完成,所以通过微信构建各种消费服务的企业也非常多,这些企业还可以进行微信公众号推广、微信群营销、微信朋友圈营销导流。

（4）微信广告模式

微信针对中小企业主推出了广点通业务,也就是开通账户后,可以在微信公众号文章底部插入用户的产品广告链接。而对于更有实力的企业,还可以尝试投放朋友圈广告。

（四）移动端媒体

1. 手机报

手机报（Mobile Newspaper）是从手机短信发展而来的,与手机短信只有几十个字不同,手机报可以推送新闻、图片、广告等内容,可以为企业发送大容量的多媒体信息,包括长达 1 000 字的文章、小于 50K 的图片。它的实质是电信增值业务——彩信与传统媒体相结合的产物,是以手机作为传播新闻的载体,实现用户与资讯的零距离接触。

2004 年 7 月 18 日,《中国妇女报》（彩信版）正式开通,该报也成为我国内地第一份手机报。手机报刚出现时,很多人认为这会给传统媒体带来跨时代的革命性意义,手机报纸是新媒介时代的开始。但实际上手机报没有取代传统媒介,也没有成为新媒体的主流渠道,甚至在营销推广上还不如手机短信到达率高。手机报操作的模式类似于传统纸媒,就是通过电信运营商将新闻以彩信的方式发送到手机终端上,用户可以离线观看,也可以通过访问手机报的 WAP 网站在线浏览信息,类似于上网浏览的方式。手机报主要通过三种手段实现盈利:一是对彩信定制用户收取包月订阅费;二是对 WAP 网站浏览用户采取按时间计费的手段;三是借鉴传统媒体的营利方式,通过吸引用户来获取广告收入。

手机报之所以没有普及,主要有以下三个原因:

其一,手机报出现太晚,用户没有形成手机阅读的习惯;

其二,手机宽带流量不足,WAP 网站阅读体验不佳;

其三,手机报多是传统媒体复制、发送自己网站的内容,而不是围绕移动阅读打造产品。

虽然手机报不温不火,但是不等于移动新闻阅读没有需求。从 2012 年开始,各大媒体网站逐渐展开新闻客户端之间的竞争。腾讯、网易、搜狐等多家著名网络公司都对于移动新闻的客户端进行了研发。

2. 新闻客户端

为了适应移动阅读模式,新闻门户网站纷纷推出专门的新闻门户客户端,如网易新闻客户端、腾讯新闻客户端、搜狐新闻客户端;也有推出更适合手机阅读的新闻门户媒体,如今日头条;有些传统媒体也抓住移动阅读机会,推出自己的移动新闻客户端,如浙报集团的澎湃新闻、上海文广集团的界面新闻。这些借助数字、移动技术,安装在移动客户机上的新闻类服务程序,我们统一称之为新闻客户端产品。

新闻客户端的兴起适应了移动阅读的趋势,取代了传统看报纸的形式或从门户网站看新闻的需求,但是移动终端界面很小,所以新闻客户端也为适应这一变化做了许多重要的创新。首先,碎片化阅读,排版适应手机载体,受众可随时随地阅读相应信息;其次,突出头条新闻,引入独家原创内容,围绕精准定位推送文章,抓住目标人群;再次,强化个性化推送,依据用户阅读习惯,智能推送用户喜欢阅读的文章;从次,订阅简单,安装方便,可以自动弹出消息提示;最后,鼓励转发社交媒体,强化交流分享属性。

在这里最值得一提的是北京字节跳动科技有限公司,其主要产品今日头条已成为国内移动互联网领域成长最快的产品服务商之一。今日头条是一款基于数据挖掘的推荐引擎产品,它为用户推荐有价值的、个性化的信息,提供链接与信息的新型服务。今日头条于 2012 年 3 月创建,当用户使用微博、QQ 等社交账号登录今日头条时,它能在 5 秒钟内通过算法解读使用者的阅读兴趣。用户每次登录后,10 秒之内更新用户模型,从而越来越懂用户的阅读兴趣,进行精准的阅读内容推荐。今日头条这样的智能推荐搜索新闻引擎将会是未来新闻阅读发展的方向。据艾瑞咨询统计,早在 2017 年底,今日头条总日活用户量超过 1 亿,单用户日均使用时长超过 76 分钟,旗下短视频产品日均总播放量超过 100 亿,头条号总数超过 120 万,创造超过 48 亿次内容消费,微头条入驻的顶级明星、名人大咖已经超过 5 000 人,累计的各类认证用户已经超过 8 万个。

3. 移动端新潮流:网络直播

直播行业首次大范围进入公众视野是在 2014 年左右,随着资本涌入,巨头入局,直播平台、观众数量都呈现井喷式发展。网络直播是一群人在同一时间通过网络在线观察的真人互动节目。网络直播的雏形最早是在优酷、土豆等视频网站上传个人小视频,而后发展到类似六间房等网页端的"秀场",如今的直播平台已经进入了"随走、随看、随播"的移动视频直播时代。近几年,网络直播行业发展迅猛,一众直播平台风生水起,整体呈现出一派繁荣盛景。根据中国互联网络信息中心数据,2015 到 2020 年,我国直播网民规模不断提升,由 3.25 亿人次上升至 4.22 亿人次,占互联网网民规模比重明显提升,至 2017 年直播网民规模占比达到 54.66 %。截至 2021 年 6 月,我国网络直播用户规模达 6.38 亿,与 2020 年同期相比增长 47.2%,占网民整体的 63.1%。

今天的网络直播只需要通过一部手机便能够实现,大大降低了传播门槛。通过直播,人们能够将自己的日常生活发布到网站上,以新鲜、奇特的内容吸引更多人的关注。而通过直播,人们能够将外部的东西附加进去,实现产品宣传,而感兴趣的人可以通过购买行为让直播者实现流量变现。博主只要在直播平台上有足够的吸引力,就能成为人们心目中的网络名人,就具有引导流量变现的能力。因此,网络直播成为现在最受追捧的一种新媒体营销方式。网络直播营销越来越受到企业认可的原因在于以下几个方面。

（1）极强的实时互动性

过去企业发布产品或服务信息,受众通过海报、广告牌、微博、微信公众号等方式了解信息,企业一旦发出产品广告就不能修改,无法实时互动。直播可以摆脱这种困境,在直播过程中,商家可根据受众的喜好和建议做出实时的反馈,使广告效应最大化。

（2）获取精准用户

企业可以通过设定直播话题让用户集中在某一特定的时间,锁定忠诚用户,使广告有特定的价值,减少无效流量投入。

（3）实时产生转化

直播不仅能够让企业看到用户的覆盖面和粉丝增长等数据,同时还可以实现用户边看边买,或配合促销活动到相应的电商平台购买,从而直接从关注实现转化,即实现产品的立即销售。

（4）网络运营成本低

过去举办一场产品发布会,可能需要其他城市区域人员的配合,沟通协调成本高;而有了直播平台,只要做好宣传推广,不管用户在哪里,都可以在线参与,产生实时互动。

网络直播营销的互动性、实时性、真实性让用户在接收品牌的营销信息时,也能感受到平等和尊重,而不是被粗暴地强制观看。同时,商家也能通过直播营销,使自己的品牌意识深入到每位受众心中,从而达到更好的销售目标。

4. 网络主播

随着网络直播的发展,另一个与直播相关的行业——网络主播诞生了。网络主播指在互联网节目或活动中,负责参与一系列策划、编辑、录制、制作、观众互动等工作,并由本人担当主持工作的人或职业。网络主播是一个综合能力很强的职业,一个优秀的网络主播常常要面对线上数万、几十万甚至上百万的观众,并且实时与线上观众交流互动,优秀主播的影响力会有效辐射到产品销售上,这也是企业将优质网络主播的培养和争夺当作直播营销的一个重头戏的原因。

我国从 2016 年 4 月 18 日起,规定网络主播必须进行实名认证。由于网络视频直播最大的特点是可以让用户与现场进行实时连接,因此具备最真实、最直接的体验。从信息传播的角度来看,文字可以捏造,图片可以 PS,就连视频也能剪辑制作,唯独直播的真实性相对最强,接下来主播和用户如何互动是无法提前安排的,这才会给用户足够的想象空间和惊喜,吸引用户收看,而其强大的互动性也拉近了粉丝和主播之间的距离。

目前,网络主播按照内容可分为秀场主播、游戏主播、其他主播,秀场主播和游戏主播居多,其他主播较少。游戏主播主要有英雄联盟主播、绝地求生主播、DOTA2 主播、穿越火线主播、地下城与勇士主播、风暴英雄主播、炉石传说主播、魔兽世界主播等,游戏主播通常是由游戏职业玩家、游戏高手、游戏红人等转型而来。秀场主播则以"90 后"和"00 后"居多,按秀场内容分为唱歌主播、MC 主播、聊天主播、NJ 主播、舞蹈主播、乐器主播等。除此之外,还有教学主播、美食主播、户外主播、外语主播、财经主播、健身主播、理财主播等。

(五)数字电视

20 世纪 90 年代以来,随着计算机信息技术与数字化技术的发展,伴随高科技的图像压缩技术,传统的广播电视行业进入了数字化发展的新阶段。从显像技术上看,电视经历了从黑白到彩色的发展过程;从成像技术上看,电视正经历着从模拟信号到数字信号的转变。

数字电视是个面向用户的数字处理系统,涵盖了从电视节目的采集到电视节目的制作与传输等多个过程。我国从 1999 年 10 月 1 日起开始试播高清晰度电视(HDTV),2012 年 1 月 1 日起开始播放立体电视。数字电视的产生是电视技术革命的全新变化,它不仅仅是传统广播电视的数字化,究其本质来看,数字电视与数字通信基本一样,它们都是以数字化的形式对信息进行传递。在当前的发展过程中,数字电视引领了多产业链的同步发展。

数字电视具有图像清晰、无噪声、无重影、多媒体、可以点播等特点,能使用户看到更多、更丰富的节目资源,受到了广大用户的欢迎,所以很多人把数字电视看作家庭互联网中心的入口平台并对其寄予厚望。像小米、乐视等互联网企业推出了数字电视,也是想借助这个互联网入口。

(六)社群

1. 社群的要素

早在 1987 年,就有社会学者提出社群的定义,可被解释为:地区性的社区,用来表示一个有相互关系的网络,是一种特殊的社会关系,包含社群精神或社群情感。然而,这个定义并不适合我们现在所讲的互联网社群。

一个真正的社群必须包含同好(Interest)、结构(Structure)、输出(Output)、运营(Operate)、复制(Copy)五个要素。

构成社群的第一要素同好,它决定了社群的成立基础。同好是对某种事物的共同认可或行为。其可以基于某一个产品,如苹果手机、小米手机等。

构成社群的第二要素——结构,它决定了社群的存活。这需要对社群的结构进行有效的规划,结构包括组成成员、交流平台、加入原则、管理规范。

构成社群的第三要素——输出,它决定了社群的价值。社群有了同好和结构也不一定能保持社群的生命,还需要有优质内容的不断输出。优质内容的产生可能来源于社群主,也可能来源于群成员。社群需要给群员提供稳定的服务输出,群员只有获得输出价值,才愿意长期留在社群里。

构成社群的第四要素——运营,它决定了社群的寿命。这需要通过运营建设"四感",即仪式感、参与感、组织感和归属感。

构成社群的第五要素——复制,它决定了社群的规模。在复制多个平行社群前,经营者需要构建好自身组织,组建好核心群,形成社群的亚文化。

2. 社群热兴起缘由

2015年以来,随着各大社交媒体及网络平台的崛起,自媒体也得到了繁荣发展。然而经过近一两年来的爆发式增长后,自媒体的发展却陷入了瓶颈,这表现在粉丝越来越多,但文章阅读量却在下滑。因此,一些寻找未来出路的自媒体开始尝试通过各种手段把粉丝吸引到微信群,然后希望通过持续社群运营带来商业回报。

一个经营得好的社群会给所有的群成员带来正效益。不仅是自媒体,任何尝试成功运营社群的企业,都可以通过社群变现。依靠专业的优质内容输出形成社群圈层,并建立中心化的信任关系,依靠专业度建立信任感;依靠社交平台沉淀社群关系,确保和积极群员高频互动;提供和受众人群属性匹配度高的商品和服务实现流量变现,提供的产品和服务要和受众的兴趣、关注点及人群属性有较高的匹配度。

第二节　新媒体的类型及盈利模式分析

在新媒体蓬勃发展的同时,如何进行变现与盈利一直是业内人士所关注的问题。目前,在互联网领域有几种发展前景较好的盈利模式,其中比较常见的就是广告收入模式、内容付费模式、增值服务模式、电子商务发展模式和知识付费模式等。

一、广告收入模式

这种盈利模式与传统媒体的盈利模式相似,广告收入模式是指通过自媒体网络平台发布广告获得经济收入。当相关的自媒体平台发布网络广告时,其广告内容大致是文字、图片和一些影音等文件,自媒体广告大多为浮动窗口显示,或者在相关用户登录网络界面时弹出广告内容,或者在 App 内植入广告。

2012 年 8 月,程苓峰在微博中宣布创立自媒体网站。其主笔的自媒体"云科技",以独特的互联网思维为用户提供即时的科技前沿资讯,取得了巨大成功。据统计,"云科技"在微博、微信及名家阅读平台上的订阅用户数已经超过了 100 万。以庞大的用户群体为基础,2013 年 1 月 25 日,程苓峰宣布在"云科技"中面向业界推出微信广告业务,以"图片 + 链接"的形式,附在公众号和网站所发布文章的末尾,报价为 1 万元 / 天或 5 万元 /3 天,每天发布 1 ~ 2 篇文章。

凭借"云科技"的巨大人气,其微信广告大获成功,在不到两个月的时间里就获得了 13 万元的广告收入。程苓峰也成为通过广告进行自媒体创收的典范。

二、内容付费模式

内容付费模式,就是指自媒体通过网络平台发布相关的数据信息和平台内容,然后针对所发布的信息收取相应的费用,在收取相应费用时,也就形成了一种盈利模式。许多的网络文学作品都是采用这种模式,比如在豆瓣阅读 App 上的阅读专栏就是一种典型的盈利模式,其前几篇文章免费阅读,而后面的文章则需要缴费阅读,文章缴费大多是采用单篇付费模式,豆瓣网络平台会收取一定的平台费用,其他费用交给相关的文章作者。

三、增值服务模式

会员付费和网络平台的游戏收费是目前比较常见的增值服务盈利模式,会员服务是当今比较流行的收费增值服务。当相关的用户群体成为 VIP 会员后,可以享受较多的功能和特权,等级越高的会员享受的特权功能也就越多。媒体人罗振宇创办的"罗辑思维"最有代表性,为自媒体内容会员付费阅读模式的探索提供了有益借鉴。2012 年 12 月 21 日上线的"罗辑思维",以其独具特色的风格和理念,聚集了众多积极向上、自由阳光的"80 后""90 后"年轻群体。以较大的影响力和粉丝群体为基础,2013 年 8 月"罗辑思维"推出了一项名为"史上最无理"的付费会员招募活动。在短短 6 个小时的时间里,就将计划的 5 000 名普通会员和 500 名铁杆会员名额销售一空,也成功获得了高达 160 万元的收入。"罗辑思维"的会员付费订阅模式取得的巨大成功,无疑也给相关的自媒体人提供了新启发。

增值服务除会员业务外,就是常见的游戏平台收费模式。网络游戏收费模式大约经历了三个阶段。第一个阶段,2000 年左右,时间收费风生水起。从单机时代跃入网游时代大致可以从 2000 年算起,里程碑式的事件就是第一款图形网络游戏《万王之王》的出现,开启了时间收费时代。其实从本质上来看,当时《万王之王》是"月卡 + 人物卡"双重收费模式,也就是现在的点卡外加道具收费。真正意义上的点卡收费则是由另一款先驱网游《石器时代》推出的,至今仍然影响着网游收费模式,包括《魔兽世界》《完美世界》等网游大鳄都在沿用。时间收费模式采取时长收费,对每个用户收取相同费用,用户角色能力与游戏时间挂钩,公平性、平衡性更强,也较为玩家接受。随着时间的推移,这种模式剥离了其中掺杂的收费道具、随机收费,变得更为纯净。第二阶段,2004 年左右,出现网游时间免费,道具收费模式。2004 年游戏《巨商》声称实行永久免费,免费模式的本质是游戏时间免费而道具收费。随后更有影响力的《热血传奇》《梦幻国度》等游戏不断跟进,而将这种模式做到极致的是网游《征途》。第三阶段,2011 年左右《征途 2》推出时,巨人公司宣布将实行第三代收费模式,即交易收费。该模式是在免费基础上,取消商城。官方将不再出售道具,全部装备都由打怪掉落或任务产出。玩家通过互相交易获得装备道具,官方从中收取 5 % 的交易手续费。除此之外,一些其他网游开始探索平台收费、中介收费以及广告植入盈利等模式。

据市场研究公司 Newzoo 发布的《2018 全球游戏市场报告》显示,2018 年全球游戏产业收入达 1 379 亿美元,同比增长 13.3 %,其中移动平台占比超过一半,大约为 703 亿美元。就移动端来看,有将近 80 %（564 亿美元）来自智能手机游戏,20 %（139 亿美元）来自平板电脑;而除移动游戏外的其他平台领域,主机和 PC 平台的收入基本持平。预计到 2021 年,全球游戏产业复合年均增长率为 10.3 %,收入将达 1 801 亿美元。

四、电子商务模式

当新媒体拥有足够多的粉丝后,其影响力和号召力就会增强,随着其影响力的不断扩大,就会衍生出很多产品的销售渠道。企业通过网络上和网络下的产品销售,能够提高自己的产品影响力,从而为自己的产品塑造完美的形象,创造更多的经济利益。比如,《悦食中国》《一条》等新兴自媒体的崛起,将媒体、社交与电商有机结合成了解决传统的 B2C 模式的有效途径。

五、知识付费模式

2016 年 5 月,果壳网推出了一分钟语音知识付费 App——分答。其在没有任何大型推广的前提下,只依靠在朋友圈广泛传播,创造了"上线一个多月交易金额近 2 000 万"的财富神话。目前,"知乎 Live""分答""红豆 Live"都成为知识付费市场上影响力较大的主流应用。知识付费模式的出现以社交网络为关系平台,将智力资源与技能资源带入信息网络实现流动与调配,并同步达成资本变现。

第二章 新媒体营销理论基础

第一节 新媒体营销的概念与内涵

一、新媒体的界定、特点和生态环境

(一)新媒体与新媒体营销

1. 新媒体的概念

新媒体的概念在 1967 年就被提出了,那个时候新浪、腾讯还没有博客、微博,更没有微信,百度正准备上市,优酷、土豆还没成立……关于新媒体的界定,清华大学熊澄宇教授认为,"首先,新媒体是一个相对的概念,新对于旧而言;其次,新媒体是一个时间概念,在一定的时间段内代表这个时间段的新媒体形态;最后,新媒体是一个发展概念,它永远不会终结在某个固定的媒体形态上",即新媒体要不断更"新"。当前,互联网全面进入移动互联时代,随着智能移动终端的普及与多样化及大数据云计算能力的发展,微博、微信、微视频、手机客户端成为新媒体的典型代表。

2. 新媒体营销的概念

新媒体营销是在新媒体发展的基础上,通过新媒体这种渠道开展的营销活动。传统的营销追求的是所谓的"覆盖量"(或者叫"到达率"),在报纸杂志上的体现就是发行量,在电视广播上的体现就是收视率,在网站上的体现便是访问量。将广告或者公关文章加载到覆盖量高的媒体上,便可以取得较多的注意。这种传播方式本质上属于宣传模式,传播路径基本上是单向的。

与传统的营销相比,新媒体营销突破了传统的营销模式,不仅能够精确地获

取访问量,甚至能够收集整理出访问的来源,访问的时间,受众的年龄、地域以及生活、消费习惯,等等。这样比传统营销更精准、更有效、更节省时间。而且事实表明,采用新媒体营销将会使企业能够由单极向多极发展,选择更多;企业能更有效地收集客户资料,针对目标客户营销;降低成本,提高效率;更快更好地进行企业品牌宣传。

总的来说,新媒体营销是基于特定产品的概念诉求与问题分析,对消费者进行针对性心理引导的一种营销模式。从本质上来说,它是企业软性渗透的商业策略在新媒体形式上的实现,通常借助媒体表达与舆论传播使消费者认同某种概念、观点和分析思路,从而达到与企业品牌宣传、产品销售相关的目的。

（二）新媒体营销的特点

传统营销追求的是到达率,即受众接受的程度,而新媒体营销颠覆了传统营销的特点。事实证明,新媒体营销可以给企业带来更多的选择机会;企业可以有针对性地对自己的需求客户提供一系列营销方案,大大节约了企业的营销成本,提高了企业的效益。新媒体营销存在如下特点:

1. 目标客户精准定向

新媒体涵盖着多样化的内容,微信、微博、博客、论坛等让每个人都可以成为信息发布者,浩瀚如烟的信息涉及生活、学习、工作等的讨论,展现了前所未有的广度和深度。通过对社交平台大量数据的分析,企业可以利用新媒体有效地挖掘用户的需求,为产品设计开发提供很好的市场依据。

2. 与用户的距离拉近

相对于传统媒体只能被动接收而言,在新媒体传播的过程中,接收者可以利用现代先进的网络通信技术进行各种形式的互动,这使传播方式发生了根本性的变化。移动网络及移动设备的普及,使得信息的实时及跨越时空的传播成为可能。因此,新媒体营销实现了信息传播的随时随地,营销效率大大提高。以新媒体技术为基础的新媒体营销,大大降低了产品投放市场前的风险。

例如,小米在推出产品之前会通过其官方微博征求用户的意见,根据用户的要求进行产品的设计、研发及改进,使其产品深入人心。另一个非常典型的例子是"三只松鼠"的新媒体营销运作。上线 65 天,其销售数量在淘宝天猫"坚果行业"跃居第一名,花茶行业跃居前十名,发展速度之快创造了中国电子商务历史上的一个奇迹。在 2012 年天猫"双十一"大促中,成立刚刚 4 个多月的"三只松鼠"当日成交近 800 万元,一举夺得坚果零食类冠军宝座,并且成功在约定时间内发完 10 万笔订单,打破了中国互联网食品销售的历史。

2013 年 1 月份,"三只松鼠"单月业绩突破 2 000 万元,轻松跃居坚果行业全网第一。食品袋上印有可爱松鼠的"三只松鼠"因互联网极大地缩短了厂商和消费者的距离与环节,这也是"三只松鼠"坚持做"互联网顾客体验的第一品牌"和"只做互联网销售"的原因。

3. 个性化营销成为可能

在传统媒体时代,大众媒体有着不可抗拒的力量。人们接收信息的渠道比较固定,更没有平台可以发出自己的声音。但在新媒体时代,随着信息技术的不断发展,消费者可以任意选择自己需要接收的信息,并且可以随时传递自己想要表达的意愿。因此,信息接收者如何选择自己接收的信息,通过何种途径来完成,又选择如何拒绝不需要的信息,在最大限度上决定着信息传播者的传递意愿是否可以实现。

新媒体营销还是一种个性化营销,比如美国最为出名的电子商务网站——亚马逊网络在线书店,它改变了以前面向大众群体的商业经营模式,采用个性化营销服务。每个消费者都有自己的个性偏好,有自己的个性化需求,亚马逊则针对用户的偏好不同,向每个用户推荐不同的商品,并且根据用户的特点做到个性化服务。苹果的应用程序商店也已经采取了类似的营销模式,App 应用商店提供的不再是没有任何特色的大众化软件,而是个性化特点十分鲜明的定制产品。在互联网时代,消费者可以参与开发适合自己的个性化产品,也可以及时地完成信息接收、信息反馈。同时在生产消费相结合的新媒体时代背景下,企业做到满足客户个性化需求的成本也在不断下降。

4. 公关作用显著增强

与传统媒体相比,新媒体营销涵盖了更多企业公关的相关内容,还包括了企业的客户资源管理(Custom Relationship Management, CRM)和资源管理(Enterprise Resource Planning, ERP)。公关的作用如此重要,就需要企业的其他部门和公关部门协调联动,来共同协作开展新媒体营销。公关在企业营销活动中作用的不断增强不仅是新媒体营销的重要特点,也是一种必然的发展趋势。

5. 企业宣传成本降低

上海交通大学媒体与设计学院郭炜华认为,"新媒体与传统媒体最大的区别,在于传播状态的改变:由一点对多点变为多点对多点"。也有研究者从另一个角度提出,"新媒体近乎零费用的信息发布,对受众多为免费,这对传统媒体的新闻产品制作成本造成挑战"。首先,通过社交媒体,企业可以低成本地进行舆论监控。在社交网络出现以前,企业对用户进行舆论监控的难度是很大的。如今,社交媒体在企业危机公关时发挥的作用已经得到了人们的广泛认可。

任何一个负面消息都是从小范围开始扩散的,只要企业能随时进行舆论监控,就可以有效地降低企业品牌危机产生和扩散的可能。例如,2013 年 2 月 4 日,加多宝在微博上做出了一组兼具视觉力与传播力的"对不起"系列图片,这组图片选取了四个哭泣的宝宝,配以一句话文案诉说自己的弱势,图片表面悲情,实则如利剑一般,剑剑刺在竞争对手的痛处,给予对手致命的打击。加多宝的悲情牌一经打出,立刻博取大量网民的同情,其官方微博上的四张图片获得了超过 4 万的转发量,加多宝也一举将输掉官司的负面新闻扭转为成功的公关营销事件。

二、新媒体营销与传统营销的对比

（一）传统营销模式的种类

1. 代理商营销模式

每个企业的实力有限，凭借自己的力量难以在众多的地区都建立自己的销售团队，这时企业就主要依靠代理商团队。企业会在各个地区寻找合适自己的代理商，这些代理商由于对本地区的环境、民情十分熟悉，在当地也就相对容易发展。企业也不需要过多地耗费自己的资源。比如，某些大公司会在各个省份设立自己的省级代理，省级代理再在各个地级市寻找自己的市级代理，市级代理寻找自己的县级代理乃至镇级代理。这样一层层的代理制度看似麻烦，但每一层只需要对自己的下一层负责。这不仅可以迅速抢占市场份额，也为越来越多的企业发展节省了大量时间。

2. 经销商（分销商）营销模式

经销商模式是企业代理商模式的一种进化。所谓的经销商模式是指经销商拿着钱到企业进货，然后自己倒卖出去，从而赚取差价。而代理商模式只是厂家委托代理商进行销售，代理商并没有产品的所有权，他们的利润来源主要是销售所获得的佣金。随着企业的慢慢发展，企业自身的实力也在不断加强，品牌有了明显的知名度，而市场日趋激烈的竞争导致了企业利润大幅度下降，企业资金流的压力也会越来越大。为了更好地生存发展，企业终会选择大力支持经销商，而慢慢淘汰代理商。

3. 直营模式

采取这种营销模式的企业，大多依靠自己的经济实力和品牌实力，而不需要代理商和经销商。比如，南京的华仔理发连锁店不但有自己的加盟商，而且更多的是自己的直营店，由公司直接负责经营管理。然而，直营模式只适用于一些特定地区和特定的行业，并不是每家企业都适用。

（二）新媒体与传统媒体营销模式的比较分析

新媒体相较于传统媒体的营销方式，具备如下几大优势：

1. 新媒体可以与消费者有效互动，进而使其成为新的传播源

在如今信息泛滥的新媒体时代，消费者的决策成本进一步提高，过去那种传统的信息传播已经无法满足当今企业的营销效果。传统媒体时代，企业的营销方式主要为硬性推广，而新媒体营销则加强了企业与客户之间的交流互动，从而达到更有效的传播效果。企业要做到让每个目标用户参与到产品的开发设计中去，让企业的品牌融入消费者的生活，让品牌深入消费者的心中，通过消费者的口口相传，让品牌无限地扩散下去。反之，如果企业不能做到让销售者与企业融为一体，则企业的营销宣传往往会事倍功半。所以，让消费者成为企业营销的一分子，共同完成企业的理想目标，已成为现代企业最佳的营销方式。

2. 企业借助新媒体营销成本得以有效降低

新媒体营销的产生也使得企业的营销成本大幅度下降。企业借助新媒体创造的平台不仅成本低廉，而且传播费用也大幅度减少。就小米手机而言，小米手机并没有花重金在传统媒体上投放自己的广告，而是通过微博、微信、QQ 空间等网络载体进行广告信息的传播，不仅让更多的消费者参与到广告的宣传之中，更是让品牌深入人心。小米公司的前营销总裁黎万强曾说过，小米手机的前期宣传费用基本可以忽略不计。

3. 新媒体带来了巨大的数据库营销宝藏

新媒体的一个巨大特点就是可以获得大量的用户消息。当用户在各个平台上进行宣传、购买时，往往会进行用户的注册。在注册过程中，用户往往会在无形中把自己的相关信息提供出去。而企业通过这些平台的后台数据，可以收集到大量精准的潜在消费者，然后企业通过这些用户所提供的信息，进行系统的数据分析，从而发现用户的需求点，或者挖掘用户的消费潜力，以便于企业更精准地制订下一

步营销方案。

4. 企业可以按照广告效果付费

新媒体让品牌传播和品牌建设更为准确和有效,正因为新媒体具有精准的投放特点,所以它可以更高效地获得巨额广告费用,这是在传统媒体中很难取得的效果。这也是更多的企业开始选择利用新媒体传播的原因,毕竟传统营销的传播效果很难达到新媒体营销的高度,并且其传播效应亦难以预估。传统媒体无论在线上还是线下进行品牌传播时都无法和新媒体相比拟。现在的互联网广告都是按照效果进行付费,类似于点击量、粉丝数,或是小广告的弹出数,商家都可以查到,并不用担心欺骗情况的发生。

5. 新媒体能有效地面对危机公关

任何企业的经营都不可能十全十美,面对如今需求多样化的消费者,任何产品和服务都不可能达到让所有消费者百分之百满意的效果,而且新媒体的特点就是信息特别分散,人们的舆论难以控制。因此,有负面消息的存在很正常,任何一种媒体都难以避免,但企业要学会如何更合理地控制这些负面消息。

新媒体的合理使用,能迅速有效地帮助企业发现不良的苗头,使企业在每一次危机来临时做出合理的拯救措施。公关是企业营销传播中的一个重要部分,而是否能合理地应对危机会影响到企业的生存发展。在现如今话语权对等的新媒体环境下,不仅媒介有发布信息的权利,消费者也可以利用新媒体发出自己的声音。一旦企业做出对消费者不利的事情,消费者可以在这些网络媒介上迅速发出自己的声音,这可能对企业产生致命的影响。因此,新媒体的发展,让企业不得不一直保持一种危机意识,同时建立起一整套完备的危机公关机制,注意与各个媒体的合作,以应对各种突发危机的出现。

总而言之,传统的营销传播是以大众媒体为基础,所有的信息必须依赖于大众媒体才能有效传播出去。生产厂商或销售者必须要迎合媒体,才可能顺利地将自己想要传播的信息传递给消费者。消费者是完全被动接收的一方,很难控制自己的渠道信息来源,如何获得信息,获得何种信息,消费者都无法控制;同时,销售者也很难验证自己投放的广告所取得的效果。而新媒体营销改变了传统营销中的信息单向流动模式,消费者不仅是信息的接收者,更是信息的创作者,同时也可以传播任何想要传播的信息。

三、新媒体营销常见模式与发展趋势

(一)微博营销

受众最感兴趣的内容和最容易引起讨论的话题一经投入受众中,就会引起快速复制、热烈讨论和参与,从而形成连绵不断的传播浪潮。企业也不必再消耗巨大的人力、物力在传播的每一个环节艰难推进,只要创造出适当的话题,再将话题发送到受众群体中,就可以等待受众在话题的原始形态和构成上,自由发挥、创造,不断扩充其内容。

微博是非常具有煽动性的产品,能够很容易地把品牌与消费群体聚合在一起,但在微博营销过程中,要注意发挥微博的特有优势,让它成为促进良性循环的渠道,与线下活动进行互动和捆绑。微博营销通过受众的参与使活动更有影响力,而不是简单的视频上传,要让受众感觉到参与这个活动对自己有帮助、有意义。消费者的亲身体验能让有趣而真实的过程为品牌传播贡献力量。也许微博没有立竿见影的效果,但品牌做微博营销一定要坚持长期投入,从而在一个较长的时间段里帮助品牌成长。微博的营销效果监测不是简单的效果评估,微博营销的长远计划应该能让客户看到营销的全部过程,为广告主和代理公司提供更友善的界面,让他们了解品牌开展微博营销的长期效果。微博营销还需要与其他网络产品进行整合。微博是一个通信渠道,已经超出了普通网络媒体的范畴,如果能够和其他媒体很好地结合,影响力将会更大。

（二）SNS 营销

SNS，全称 Social Networking Services，即社会性网络服务，专指旨在帮助人们建立社会性网络的互联网应用服务；也指社会现有已成熟普及的信息载体，如短信 SNS 服务。SNS 的另一种常用解释为 Social Network Site，即社交网站或社交网。

如果说 MySpace 代表着以兴趣交友为主线的社交网络，那么 Facebook 则代表着以真实朋友关系为主线的社交网络，它使网民的行为关键词成了视频、网上购物与 SNS，为人们的生活方式、人际关系、品牌打造、营销推广等提供了颠覆性的革新手段。在国内，SNS 的使用和影响都在激增，它有了真实的社会密度。人们不必永远正式地待在一起，而是可以轻易地在网上组建各种群体，发现志同道合的人，结交朋友、与好友在线分享自己的生活，可以以从前无法想象的方式一起从事某个项目，还可以使用 SNS 协调群体的社会和商业生活。这一新型的平台鼓励消费者与消费者对话，而品牌只是为这一对话提供了话题。当然，品牌的社交媒体战略要与整体营销战略相结合。加州大学斯隆研究中心的唐娜·霍夫曼教授（Donna Hoffman）在《麦肯锡季刊》上发表的一篇报告中指出，"公司不应该只是在 MySpace 上购买广告，而应该把互动性元素（社交媒体）作为自己营销计划的一部分"。

当前，越来越多的企业开始调整思路，在传统的广告形式之外，重视利用社会化客户关系管理方式进行品牌传播与维护，在 SNS 上投放广告和举办活动，并成立专门的社交媒体营销小组。借助 SNS 网站，企业不仅能够与消费者双向沟通，还能够让消费者主动传播这种信息，类似好友之间的信息传递更容易影响消费者的购买决策。

相对于早期以用户规模扩张为目标的运营模式，如今的 SNS 社交媒体已演变为以用户需求为核心、实现品牌价值持续增值的深度发展模式。SNS 呈现出五大发展趋势：第一，移动社交化。更多用户把更多的碎片时间花在 SNS 上，SNS 已借助移动设备遍布世界各个角落,用户从 Web 转向 Mobile。第二,娱乐社交化。SNS 以更低的门槛改变了真实关系的人际互动,突出人与人之间的情感联系。第三,内容社交化和垂直化。SNS 的内容有了更多的社交属性,在朝着垂直化方向发展,基于兴趣的关系,人们可以结识有相同爱好的朋友。第四,购物社交化。SNS 是商品推广平台,借助口碑推荐提高购物转化率。第五,全网社交化。由于社交属性被广泛地从 SNS 延展到其他网站,有助于构建完整的互联网生态链。比如,一个好的视频内容,可以通过 SNS 网站实现很高的用户覆盖度,基于这样的覆盖度实现用户之间的二次和多次传播,实现广告价值的最大化,同时也在视频和 SNS 之间形成了生态关系。

(三)LBS 位置营销

基于位置的服务(Location Based Service, LBS),它是通过电信移动运营商的无线电通信网络(如 GSM 网、CDMA 网)或外部定位方式(如 GPS)获取移动终端用户的位置信息(地理坐标或大地坐标),在 GIS 平台的支持下,为用户提供相应服务的一种增值业务。它融合行为、时间与地理三位一体,以其精准定位,不仅能够让用户明确其所在地、周边相关地理资讯,还可为其提供类似 Facebook 的社交分享及类似 Twitter 的发布平台,更可为所在地的商家提供 B2C 精准营销渠道,为意向顾客提供优惠信息及签到奖励。

(四)网站营销

企业网站不仅塑造、传达品牌形象,而且是企业所有营销传播的基础。新媒体平台为企业提供了更多可控制的传播形态,而企业网站是最突出的、能够同社会各个层面沟通的一种形态。很多时候,网络上到处充斥的广告信息有覆盖率却无到达率。企业可以运用各种手段传播自己的品牌信息,选择与品牌形象相符的网站主题色彩,在每个页面上展示自己的企业 Logo 等。同时,在奉行言论自由的网络上,各家媒体都力求遵守中立、客观报道的原则,有时会有负面信息。如果企业无法通过网络媒体投放广告,那么企业网站将是唯一、最好的选择。

(五)搜索营销

搜索引擎帮助网民从大量信息中快速获取所需要的信息,为企业带来巨大的商机。中科院研究生管理学院发布的研究报告指出,企业在搜索引擎投入 1 元钱的推广费用,平均能拉动 81.44 元的实体销售增长,并间接带动企业上下游合作伙伴 171 元的业务增长。网络营销有成本低、互动性强、范围广、时效长、效果明显等几大优势,毫无疑问是适合企业开拓市场的营销方式。搜索引擎作为开放性的平台,任何企业不管品牌、规模大小,都可以通过搜索引擎推广、宣传,而且机会均等。因此,与传统的推广方式相比,搜索营销对于中小企业来说是性价比更高的网络营销方式。

使用搜索引擎时,潜在客户主动查询,针对性较强,客户需求通过搜索关键词表现出来,搜索引擎根据客户需求给出相应的结果,有效地促进了企业的销售及推广。与传统的营销方式相比,搜索营销使得品牌建设的成本大大降低。企业可以通过搜索营销增加网站流量,也可以寻找合作伙伴,从而使企业的品牌为更多的人知晓。

(六)视频营销

YouTube 这个创造了网友上传视频这种互动模式的视频网站,启发了国内很多视频网站的开发和成长。新生代市场监测机构的调查显示,在网上浏览视频的消费者的比例已经达到 36.3%。而电视厂商互联网电视产品的推出,也让网络视频渗入传统电视终端。

第二节　新媒体对营销的影响与变革

一、新媒体促进市场营销发展

对于企业的市场拓展而言,新媒体是一个十分重要的手段。市场营销是企业拓展市场的必经步骤,当企业发展到一定层次之后,需要将目光转向更广阔的市场平台;对于国际化市场中的企业,为了获得更多的市场份额,需要对企业进行宣传和营销。新媒体就是企业提升市场知名度以及拓展市场的重要途径。新媒体包括很多手段,如微博、微信,都是可以提高交易效率的重要途径,也可以为企业创造更多的商业机会。这些机会可以让那些成本比较高或者执行起来有一定难度的交易变得更加简单可行,可以促进企业的市场竞争水平不断提升。新媒体是传统交易手段的一种重要的补充形式,尤其是在互联网迅速发展的过程中,加强营销过程中对互联网平台和信息技术的应用,可以有效地提高企业的市场竞争力,从而提高市场营销的成功率。

二、新媒体影响市场运行环境

(一)新媒体生态环境变化

新媒体技术引发了传播格局的重新洗牌,多元化的传播格局正在形成,媒介生态发生了很大变化。笔者认为新媒体生态环境的特点可以概括为以下两个方面:

1. 媒介融合趋势凸显,不同形态的媒介之间竞争加剧

新媒体消解了传统媒体的时空界限,也消解了传播者和接收者之间的职能界限。由于新媒体是复合型媒体,所以在新媒体环境中,以网络为代表的主要传播载体,既可以进行文字传播,又可以进行音频、视频的传播,同时还能把文字、音频、视频等传播内容存储下来,以便受众随时取阅。传播手段的数字化使得传统媒体开始在互联网上投入精力,原本不相干的不同形态的传统媒体直面新媒体的冲击,不

同形态的媒体变成了直接的竞争对手。

2. 媒体碎片化，受众分众化，大众传播市场效果减弱

人类传播的发展首先经历了从人际传播到大众传播的革命，而新媒体的出现则是人类传播由大众传播到分众传播的革命。手机媒体、户外媒体、触摸媒体等媒体形式的出现，一方面代表了媒体的碎片化趋势，另一方面也显示出媒体对受众碎片化注意力的抢夺。当今社会信息处于过剩状态，而受众的注意力却是有限的稀缺资源，受众的信息接收方式、媒介接触习惯等发生了变化，由于本身教育、经济条件的不同，受众的区隔越来越脱离简单的人口统计学特征，相应地也发生了碎片化反应，受众更可能因某些方面的相似而形成小群体，表现出分众化趋势，在媒体选择方面表现出人际媒体、小众媒体、大众媒体之间的同步性。

（二）新媒体营销环境变化

新媒体技术带动了媒介融合和媒体碎片化、目标受众分众化的趋势，沃纳·赛佛林（Werner Serverin）在《传播理论——起源、方法与应用》中预言，传统上针对广大不知姓名的大众媒介广告是一种即将消失的传播形式。这句话反映出了新媒体时代营销环境的变化——营销传播由传统的单向传播变为双向传播，消费品市场由大众市场走向分众市场。

1. 沟通由单向变为双向

Web2.0创造的互动沟通的空间，不再是生产者和营销者一家独大的世界，消费者有了自由发布信息、修改信息、进行事件和活动讨论的条件，原先那种"点对面"的"独白式"传播形式已经一去不复返，取而代之的是"点对点"的互动式传播形式。受众从大众传播的"面"中走出来，立话语权的"点"，这个"点"既可以"点对点"，也可以成为一个个的"独点"对"面"。这种互动式传播形式继承了两种传播形式的特点和优势，但又不是两者简单的叠加，而是一种全新的创造。

在传统的营销中，消费者无法控制自己的信息获取渠道、获取哪些信息、怎样

获取信息,销售者也很难验证自己投放的广告效果。新媒体营销颠覆了传统营销中的信息单向流动状态,消费者的注意力被无数的新媒体瓜分,传统媒体的受众数量下降,受众的媒体接触时间也越来越碎片化。尼古拉斯·尼葛洛庞帝(Nicholas Negroponte)在 20 多年前曾预言:"从前所说的大众传媒正演变为个人化的双向交流,信息不再被'推给消费者',相反,人们把所需要的信息'拉出来',并参与到创造信息的活动中"。在双向沟通的营销环境中,每个消费者都对产品的品牌塑造和营销传播具有价值,新媒体将传统意义上的营销行为延展。消费者通过网站、微博、博客、论坛、SNS 社区等,参与消费者之间的讨论和互动,交流产品使用心得、发表意见,还可以与生产者和销售者直接面对面沟通,信息得到及时反馈,传播效果得到加深巩固。

如今,传统营销受到了严重的挑战,如果营销者仅仅依靠传统媒介进行广告等单一形式的信息传播远远不够,现在必须使用多个信息接触点,进行系统的新媒体营销传播。尼尔森调查公司曾经做过一个调研,调研结果显示,消费者最信赖的产品信息来源是线下和网上的消费者口碑。马克·鲁西诺维奇(Mark Russinovich),曾在他的博客中发布了一篇文章陈述他对索尼 BMG 公司音乐 CD 使用的音乐购买版权管理软件的详细分析,文章名为 "Sony, Rootkits and Digital Rights Management(DRM)Gone Too Far",文章认为该软件设计存在缺陷,可能会导致安全问题。在接下来的几天里,他的文章获得了数百条评论,很多都是关于索尼 BMG 音乐的负面评论。由鲁西诺维奇的文章而引发的讨论蔓延到网络聊天室和论坛中,但索尼 BMG 方面一直未在网络上有任何反应,直到 5 天之后,索尼 BMG 才在美国国家公共电台的早间节目中为自己做辩护。这场源于消费者博客的音乐出版商危机没有得到很好的解决,很大程度上源于索尼公司对于新媒体的漠视,选择在电台上对网络公民做出回应是非常不可思议的糟糕决定。生产者和销售者只有适应受众生活形态的变化,主动与受众进行沟通,才能在竞争中取得先机。

2. 消费品市场由大众市场走向分众市场

第二次世界大战之后,生产技术不断进步,社会化大生产日渐成熟,在 20 世纪五六十年代,制造业表现出强劲的上升势头,但生产越发展,产品的同质化程度也越来越高,快速消费品市场中的产品,无论是质量、功能,还是价格、包装等各方面的差异都在缩小。一方面,消费者在选择快速消费品时,不再仅仅依靠产品质量等硬件条件作为唯一的选择因素。消费者不再只满足于快速消费品仅能够满足基本的生活需求,而是更多地想要追求个性化、差异化的产品,对快速消费品的要求越来越多。而另一方面,社会化大生产的产品同质化趋势,迫使消费品生产者不断改进生产,考察消费者的不同需求,根据消费者的要求来进一步细分产品市场,以期望在市场竞争中获得更多的市场份额。快速消费品的大众市场正在解体,走向分众市场。

亚马逊网络在线书店改变了过去大众化的商业经营模式,经营个性化的"非热点流行服务"。消费者是有个性偏好的个体,亚马逊针对用户的不同喜好推荐不同产品,同时还提供丰富的个性化服务。苹果的 App 应用商店也采用了类似的营销模式,App 应用商店提供的不是被工业时代标准化的毫无区分度的大众产品,而是独具个性的定制产品。在传统的营销传播中,想要满足某一具体消费者的特殊需求进行生产和营销传播,是不具备可行性的。但在 Web2.0 的条件下却完全可以实现,消费者可以参与到个性化产品的研发中,可以及时地完成信息接收和信息反馈。基于生产和消费一体化的新媒体时代,满足分众化需求的成本降低了,开拓分众市场将是快速消费品生产者的极大机遇。

(三)新媒体时代消费者变化

1. 消费者群体特征

根据中国互联网络信息中心(CNNIC)发布的《第 40 次中国互联网络发展状况统计报告》来看,截至 2020 年 6 月底,中国网民数量达到 7.51 亿。互联网普及率较上年底提升 1.1 个百分点,达到 54.3 %,目前的使用人群主要呈现以下特征:年龄集中在 10 ~ 39 岁,他们的互联网使用率逐步攀升,还有一定上升空间;学历方面,大专及以上学历人群为主要的使用者,高中学历人群的渗透率增长非常明显。

2. 消费者媒体使用习惯

新媒体时代消费者消费行为展现出三大趋势:(1)数字技术助推经济社会转型,网络消费行为增长迅速。以互联网为代表的数字技术正在加速与经济社会各领域深度融合,成为促进我国消费升级、经济社会转型、构建国家竞争新优势的重要推动力。网络购物市场消费升级特征进一步显现。一是品质消费,网民愿意为更高品质的商品支付更多溢价,如乐于购买有机生鲜、全球优质商品等;二是智能消费,智能冰箱、体感单车等商品网络消费规模大幅度增长;三是新商品消费,扫地机器人、洗碗机等新商品消费增长迅猛。除国民人均收入提升、年轻群体成为网络消费主力等因素外,电商企业渠道下沉和海外扩张带动了农村电商和跨境电商的快速发展,使农村网购消费潜力和网民对全球优质商品的消费需求进一步得到释放,进一步推动了消费升级。(2)移动互联网主导地位强化,移动消费行为成为未来发展主流。截至 2020 年 6 月,我国手机网民规模达 7.24 亿。网民中使用手机上网的比例由 2016 年底的 95.1 % 提升至 96.3 %,手机上网比例持续提升。上半年,各类手机应用的用户规模不断上升,场景更加丰富。其中,手机外卖应用增长最为迅速,用户规模达到 2.74 亿,较 2016 年底增长 41.4 %;移动支付用户规模达 5.02 亿,线下场景使用特点突出,4.63 亿网民在线下消费时使用手机进行支付。(3)线下支付拓展仍是热点,共享消费成为经济增长新方向。线下支付领域依旧是市场热点,网民在超市、便利店等线下实体店使用手机网上支付结算的习惯进一步加深,网民中在线下购物时使用过手机网上支付结算的比例达到 61.6 %。在深耕国内市场的同时,我国网络支付企业纷纷拓展市场潜力巨大的海外市场。截至 2020

年6月,公共服务类各细分领域应用用户规模均有所增长,在线教育、网约出租车、网约专车或快车和共享单车用户规模分别达到1.44亿、2.78亿、2.17亿和1.06亿。在线教育市场迅速发展,人工智能技术驱动产业升级;网约车市场经历资本驱动的急速扩张阶段,进入规范化发展道路;共享单车丰富市民出行方式,技术与资本推动行业蓬勃发展。

3. 消费者的购买行为模式的改变

在媒介发展历程中,每一种大众媒介的兴起,都会对消费者的信息接收和处理方式产生巨大的影响。电视媒介出现后,图像信息成为信息的主要传播方式,受众开始习惯于浅层次的、感性的图像接收方式。图像信息会使受众的理性思考能力降低,主观认知加强。消费者做出购买决定时,不再依赖于客观事实,而是越来越依靠自身的主观认知。在传统营销中,营销者认为,消费者的购买行为主要的依据是来自各种传播渠道中所接触到的大量消费信息,经过选择性注意、选择性记忆和理性思考的过程,做出购买决定。

进入新媒体时代,消费者接触到越来越多的媒体和信息,同时因为新媒体的互动性特点,消费者对信息传播的过程也有了很高的参与能力和参与要求。媒体市场的主动权,正在从信息生产者向信息接收者转变,这种转变让消费者对电视等传统媒体的融入度降低,技术的变革让消费者可以摆脱传统媒体的固定模式,在任何时候都可以从广播、电视、网络,以及正在茁壮发展的手机等移动新媒体中去选择自己想要接收的信息。传统的打断式营销,信息接触的时机完全由营销者一手掌控。现在信息接触的时机由消费者掌控了,消费者在自己需要的时候可以主动向提供产品或者服务的企业索要广告信息或者进行营销咨询。

三、新媒体的发展使得市场营销的管理方式发生了改变

新媒体的出现,对于市场营销的发展有十分重要的意义,由于新媒体为市场营销提供了十分完善的交易基础,因此在新媒体的交易过程中,很多信息都可以进行

优化,很多跨国企业之间的生产要素也可以得到相应的配置,以促进企业经济的快速发展。新媒体对于企业在市场经济发展过程中地位的提升有很大作用,现代化的市场营销要建立起以资金流为形式、信息流为核心、商品流为主体的体系,对市场营销的经营管理而言,可以使得企业不断提高竞争实力,为市场份额的累积奠定坚实的基础,对市场营销的经营管理方式的改变是一种有效促进。

四、新媒体丰富市场营销基本理论

在4P及4C营销中,虽然消费者的需求日益受到重视,但其始终没有摆脱在营销中的被动地位。而新媒体营销并非仅将新媒体作为工具来研究消费者,而是应该让消费者自己利用新媒体表达需求、体验、评论,从而让消费者成为新媒体营销的主体,即利用一部分消费者的影响力向另外一部分消费者进行营销,从而能够进入"用户为王""全民营销"的时代。

4I营销理论是由美国西北大学市场营销学教授唐·舒尔茨(Don Schultz)提出的,4个I分别代表了趣味(Interesting),利益(Interests),互动(Interaction),个性(Individuality)。

(一)趣味原则

伴随着经济的发展和互联网、新媒体的产生,全民进入了"娱乐化时代"。因此,广告、营销也必须是娱乐化、趣味性的。巧妙地将营销信息植入趣味的情节当中,才是吸引消费者最有效方式。因此,好的新媒体营销,它身上流淌着趣味的血液!

(二)利益原则

当今的世界随着互联网和智能手机等移动互联网设备的普及,使人们无时无刻不暴露在一个信息泛滥的环境下,营销活动不能为目标受众提供利益,必然难以达到它的营销效果和目的。但这里所说的利益不仅仅指的是金钱、实物等,还包括信息、资讯、功能或服务等。

（三）互动原则

新媒体区别于传统媒体的另一个重要的特征是其互动性,数字媒体技术的进步,已经允许我们能以极低的成本与极大的便捷性,让互动在营销平台上大展拳脚。而消费者完全可以参与到网络营销的互动与创造中来。把消费者作为一个主体,发起其与品牌之间的平等互动交流,可以为营销带来独特的竞争优势。未来的品牌将是半成品,一半由生产厂商掌握,一半由消费者体验、参与来确定。

（四）个性原则

个性化的营销,让消费者心里产生"焦点关注"的满足感,个性化营销更能投消费者所好,更容易引发互动与购买行动。但是在传统营销环境中,做到"个性化营销"成本非常高,因此很难推而广之,仅仅是极少数品牌品尝极少次的豪门盛宴。但新媒体让这一切变得简单、便宜,从而使一对一营销成为可能。

第三节　新媒体背景下的企业营销策略变革

一、新媒体对市场营销活动的影响

新媒体的发展为企业的经营活动提供了便利,越来越多的企业强烈要求通过新媒体来进行市场营销。新媒体对市场营销产生了较大的影响,主要表现在以下几个方面:

一是新媒体为企业进行产品宣传提供了新的平台。比如,企业通过网络推广、广告植入等形式在网站上、影视节目中插入企业的产品宣传广告,扩大了商品的宣传面。很多产品的广告可以植入影视节目开头或影视节目中,而且不能跳过,提高了产品宣传的针对性和实效性。此外,通过一些门户网站或搜索引擎可以为商品定制特别的广告,如可以围绕消费者的搜索需要设置关键词,提高商品的被检索概率,大大提高了商品的宣传效果。

二是新媒体促进了企业市场营销观念的转变。从传统市场营销观念的演变过程可知,生产观念、产品观念以及市场营销观念等的转变,都是随着社会的不断发展而发展的。特别是随着企业的竞争日趋激烈,消费者的需求成为未来企业市场营销的关键。传统营销观念的缺点就在于企业位于主导地位,没有考虑到消费者真正的需求,无法真正提供令消费者满意的产品及服务。但是这种格局被新媒体的出现打破了,消费者有了更多的选择和机会,并可以通过新媒体实现与企业的互动沟通,以此来达成最终的消费意向。这种格局的改变就促使企业必须要转变市场营销的观念,要认真研究消费者在新媒体时期的需求,推出有针对性的产品和服务,满足消费者需求。

三是新媒体为企业掌握客户资源提供了平台。网络技术的发展改变了企业的销售模式,也改变了顾客的消费方式。企业可以通过消费者的消费经历、消费喜好等收集信息,并利用网络技术进行分类分析,从而获取消费者的真正需求,为其提供有针对性的产品和服务。

四是新媒体促进了企业创新市场营销的手段。在传统营销观念中,企业一直是处于主导地位的,企业生产的产品款式、质量等由企业说了算,在营销宣传上,基本采用电视、广告等传统单一的渠道宣传,消费者受客观选择的影响,被动接收信息。在新媒体时代,消费者获取信息的机会和数量都大大增加,消费者掌握了选择产品的主动权。传统的市场营销手段已经不能引起消费者的注意,不能促成任何的购买行为,这样的手段就失去了广告的价值。在新媒体的背景下,企业要积极改变传统营销思维和手段,采取互动体验、精准传达的形式和营销方法,让顾客在消费过程中得到享受,让产品在口碑中得到传播。

二、新媒体背景下市场营销策略

（一）转变市场营销观念，主动占领市场

在传统的市场营销模式中，企业往往使用的是传统的媒体进行宣传推广，而且产品的可选择性不多，但由于市场竞争较小，企业没有销售危机。就如传统产品营销观念下的福特汽车公司曾经说，不管消费者喜欢什么颜色的汽车，福特只有黑色的汽车。但随着信息时代的到来，企业的竞争也越来越大，消费者选择的机会也更多了，因此企业通过新媒体掌握话语权的难度越来越大，在这样的前提下，企业要积极转变市场营销观念，变被动营销为主动出击，主动深入消费者中，了解消费者的真实需求，按照市场需求提供不同类型的丰富的产品以满足不同消费者的需求，只有这样，才能跟上消费者的步伐，才能占领市场。

（二）拓展新媒体营销平台

从目前的新媒体使用情况看，主要可以从以下几个方面开展市场营销活动。一是通过网络开展市场营销。网络发展速度之快以及功能之强大是以前很难想象的。如今的网络正在潜移默化地改变着我们的生活。现在无论工作还是学习，网络都成为我们的好助手、必备工具。通过网络进行市场营销活动的方式有很多，比如可以通过网站进行企业推广。在网络时代，网站推广可以说是一个企业开展网络市场营销的前沿阵地。企业通过门户网站开展产品信息发布和宣传，方便消费者通过网站及时了解到产品信息和营销活动，这种商品推销方式的针对性和实效性更强。再如，可以通过网络开展消费者需求调研工作，为企业市场营销和产品生产提供帮助。如今激烈的竞争让企业更加关注消费者的实际需求，企业生产不再以自身优势作为基础，而是以消费者的需求为基础，网络调研活动为企业获取消费者的需求提供了平台。互联网的优势就在于便捷高效，没有地域限制。企业利用互联网的这些优势进行市场调研，能够节省不少费用，让调研周期变短且能够克服地域障碍。此外，还可以通过网络开展网上公共关系和客户服务。

二是通过手机平台开展市场营销活动。新媒体的优势在手机上体现得更为强大。智能手机的普及让随时随地上网、聊天、购物成为现实,它使用方便快捷,简单易操作,营销效果较好。手机作为一个新的营销平台,在营销过程中可以针对目标客户实施销售,另外由于手机可以及时获得信息,用户可以方便地与企业进行互动,参与热情比较高。

三是通过移动电视及户外新媒体等形式开展市场营销。将网络与电视结合,可以让这个传统的媒体显示出新的营销优势。网络电视的优点就是传播的内容具有强制性,消费者接收它的信息是没有选择性的,无论想不想看得接收。另外,现在的户外媒体广告、车站地铁广告、电梯广告、滚动显示屏等都是很好的新媒体营销形式。

(三)把握新媒体发展趋势,创新营销模式

在新媒体时代,消费者的需求不再仅仅满足于商家提供的产品或服务,体验式消费成为消费者新的需求。体验式消费是商家使用网络技术,创设一个开放的、仿真的虚拟空间,提高参与者的间接体验,获取比直接体验更好的营销效果。例如,现在的虚拟穿戴服务,让消费者可以自由搭配,从而选取适合自己的衣服。这种体验方式满足了消费者的选择权,提高了消费过程的趣味性、互动性,受到消费者的欢迎。另外,新媒体时代人们被信息覆盖,各类广告、垃圾短信让消费者十分厌恶。植入式广告可以巧妙地将自己融入故事情节中,只要把握合理的尺度不会招致观众的反感,还会提升品牌的形象。再者,随着市场产品越来越丰富,消费者的选择机会大大提高,企业要想提高市场营销效果,就必须进行消费者需求分析,在此基础上开展精准营销,提高营销的效果。

总之,受新媒体的影响,消费者的消费方式和消费观念都在发生巨大变化,企业要想在激烈的市场竞争中取得成功,就需要不断研究新媒体时代消费者的需求,转变传统的市场营销观念,把握新媒体市场营销的特点和发展趋势,掌握营销的主

动权,只有这样才能为消费者提供精准的产品和服务,企业才能立于不败之地。

三、新媒体环境下的营销模式变革

当前,与新媒体相关的营销平台包括微博、微信、播客、视频网站、社交网络、搜索引擎等,以此为基础产生了微博营销、微信营销、视频营销、社交网络营销、搜索营销等新媒体营销形式。为适应用户新需求以及便于营销推广,企业营销模式以客户需求为中心、以新媒体技术为支撑,借助新媒体营销形式进行变革,主要体现在以下几方面:

(一)利用大数据,由粗放营销转向精准营销

为改善粗放营销时期受众定位不准、盲目投入、成本高以及营销中间环节繁复而造成信息失真的困境,实现更精准的消费者需求定位,企业可借助精确的、可量化的大数据技术突破传统营销只能定性的局限,挖掘"碎片化"现象背后隐藏的商业价值。在新媒体平台上,消费者的信息包括账户、年龄、消费量以及关系网都可以被记录,而大数据技术则能够帮助企业挖掘和推理消费者的行为习惯、购物偏好、潜在需求以及消费者心理特征,并按一定标准归类,从而使企业能安排合适的时间将营销信息精准地推送给目标客户,达到新媒体时代精准的营销效果。

(二)借助移动互联网技术,实现即时营销

新媒体传播的快捷迅速使大众接收信息更加及时,同时也带来了受众的信息量呈爆发式增长的态势,那么如何能够创造有效的营销内容并快速地吸引住受众,实现即时营销,成为企业新媒体营销必须迈过的坎。目前,国内外很多企业都在积极向移动互联网布局,开发功能成熟且具有特色的移动客户端,一方面利用客户端向受众及时地推广品牌和产品、发布最新的促销及打折信息,并通过社交频道及时、迅速地回应用户,另一方面与电子商务平台相对接,直接为用户搭建购买渠道,简化用户的购买流程,实现了信息服务和产品消费的无缝连接。

（三）借力新媒体平台，变主动营销为互动营销

在新媒体之前，基于传统媒体单向传播的营销方式为硬性推广，而在新媒体环境下，受众的主动参与性和个性化要求增强，企业可借助新媒体平台与用户进行深度的交互沟通，关注客户需求，收集客户反馈信息和体验效果，使目标受众真正参与到品牌建设、产品研发和设计中来，让营销融于消费者的互动活动之中，融于口碑传播之中，实现客户链式反应增值。相反，若让消费者置身事外，那么消费的需求将得不到及时的满足，也无法成为企业营销团队的一员。

四、企业新媒体营销瓶颈问题

（一）部分企业新媒体营销意识较淡薄

智研咨询发布的《2017—2022 年中国信息咨询市场未来发展趋势预测研究报告》显示：近 20 年来企业网发展迅猛，信息化程度不断提高。截至 2016 年 12 月，全国使用互联网的企业比例为 95.6％，首次超过 90％，但是企业对新媒体的整体运用比率和水平仍然较低。

（二）安全性堪忧，客户信息外漏时有发生

中国社会科学院新闻与传播研究所在其 2014 年 6 月发布的《中国新媒体发展报告（2014）》中指出，与美国等发达国家相比，中国网络安全形势不容乐观，企业在进行新媒体营销时，会涉及用户的个人数据及隐私，如姓名、身份证号、地址、银行卡支付密码等，由于企业保存和管理不当，又或是企业规模小、技术不达标，内部员工出卖客户信息、网络遭破坏以致客户信息外泄的情况时有发生。

（三）危机公关及媒体应对不力

在新媒体营销实践中，企业主要会遇到两类危机事件：一是因企业发言人的不当言论引发媒体的负面报道，二是品牌、产品或服务因某事件被客户"吐槽"甚至抵制。企业由于缺乏公共应对经验，往往会拖延、躲避、不知所措，未利用好新媒体平台，使自己的危机公关被动甚至无效，损坏了企业和品牌形象。

（四）随意传播致使企业公信力下降

传统媒体诸如电视、报纸，在发布信息前会经过严格的新闻生产流程，以保证信息的真实性，而新媒体的快速发展使得相关的法律法规相对滞后，企业在新媒体营销过程中缺乏法律的制约，传播信息随意，责任意识淡薄。例如，企业为提高广告文案的点击率，在新媒体平台上以噱头、虚假、媚俗的标题去吸引受众眼球，或是为了提升产品市场占有率，夸大其产品的性能和质量，忽略了企业在传播品牌价值时应有的社会责任，损害了企业公信力。

第四节　新媒体营销的商业模式

一、新媒体时代商业发展趋势

不管是传统行业还是新兴产业，线下工厂还是线上电商，商业发展的契机和挑战都受到新技术和新市场新空间的双重影响。这些新技术包括互联网、大数据、人工智能、网真技术、3D打印、生物工程、虚拟技术、新能源等，而新市场包括世界范围内正在成长的网络世界。这些新的因素和情境共同打破了传统情境下的信息不对称、冲击了层层边界，深化全球化，并融入社交化和移动化。

商业史上三次大迁移给每个人和每个企业带来了什么呢？可以说，每次都在一定程度上影响了我们的生活和工作。对个人和企业来说，每一次大迁移必定带来重要的发展契机，包括财富重新分配的契机、重塑商业文明的契机、进化和突变商业基因的契机。

特别是刚刚开始的第三次大迁移，呈现出未来发展的重要的新商业趋势，包括：

（一）人人时代的到来

这是一种商业价值观和经营理念的改变,将转变每个人的社会属性和商业角色,一个人人都是企业家的时代即将到来。千百年来,商业社会人与人固有的属性不外乎这两种:雇佣与被雇佣的关系、投资与被投资的关系,有合作的关系也仅仅限于股东或者决策者那一层。而今天,在虚实交错的新媒体时代,人们有了一个可以向世界发出自己声音的网络平台,在这个社交媒体世界里人人都可以充分展现自己的天赋。今天一个人所能实现的效率超越了我们过去的想象。C2C 商业生态圈模式正是顺应这个大趋势,重新定义个人属性,将每个个体转变为社会资源和财富,让每个人的价值最大化。在新媒体时代,企业需要做什么,创造什么,这完全可以凭借个人的天赋和才华来决定,人才在商业社会中的属性发生了彻底改变,颠覆了传统的经营理念,于是涌现出了一大批这个时代的新派"异客"创业者和企业家。商业世界因为他们推波助澜,掀起了人人时代的大浪潮。

社交媒体环境下,C2C 商业生态圈模式正是在这个人人时代,帮助每个人建立一种有独立人格、以网络连接、带来新价值创造的新商业。人人都是企业家是这个新媒体时代的主格调,是人类一种新的生活方式,一种新的商业文明。

第一,人人做主(自主人格),从个人角色到社会角色的自由定位。今天,连接人人时代的新媒体环境,人类历史上第一次让我们自我定义、自我做主,世界不再只属于少数人,而是一大批人。每个人在新的计划过程中都能选择自己的位置:无论是成为发动机还是 U 盘,无论是螺丝钉还是晶体管,无论是电灯泡还是显示屏,我们都有完全的权利和机会做选择。这意味着,如果愿意,在成为消费者的同时,你也可以成为供应商或者媒体人。

第二,人人参与(群体合作),从消费者主权到供应商承诺的对冲。做什么、如何做是创业者、企业家特别关注的。熊彼特(Schumpeter)曾经定义,企业家就是要组合社会资源,而当人人参与成为新的做事诀窍,意味着组合社会资源满足客户需要的方式将发生根本性改变。从消费者主动参与创造,到供应商承诺更方便、更优质、更快捷,这种超级高级的全新商业模式正是 C2C 商业生态圈模式,前端 C 建立社交网络,后端 C 整合商业个体。

第三,人人贡献(群体创造),从"人人参与"到"利他=利己"的创造。将半径意识的小我变成胸怀天下的大爱,"利他=利己"的人文关怀是 C2C 商业生态圈模式的核心价值主张,其内涵正是新媒体时代的探索者赋予的。这些探索者大到 Google、亚马逊、微信等这些创造航母的平台企业,小到 eBay、天猫等平台上那些卖花、卖米、租房、开店的小商户。

在互联网大世界的版图上,我们目睹探索者开创了基于大爱的商业世界,从免费模式到为用户提供真正价值,给大众连接知识、信息、资源的机会,雅虎、新浪创造的门户信息,Google、百度发明的信息搜索,奇虎 360 提供的安全卫士,Facebook、Linkedin 创造的人脉链接,去哪儿、滴滴推出出行选择等,用户无须掏一分钱就获得了方便、快捷、有价值的信息。还有那些数以百万计的志愿者,帮助完善巨大的开源工程。相对于旧世界物种,他们是新兴崛起的、有大爱的异客,他们有强大的能力和能量引领不同人群率先进入新媒体时代。

(二)异客部落的崛起

这是一种个人生活和工作方式的改变,意味着市场内涵和市场结构出现了变化,正在形成中的异客和创客部落经济就是最重要的征兆。在新媒体的环境下,率先进入这些虚实交错世界、引领创造的成员,他们往往显得很另类,具有独特的个性,他们是这个时代拥有特别商业基因的异类,统称异客。正像《长尾理论》所指出的,互联网的大众性降低了创造的门槛,让每个人都具备创造和传播的能力,当这种力量冲击到现实,就能带来新的创造运动,改变传统行业的运行规则。异客是一群具有超前意识、独特思想、别致才华,能够突破创新、接地气率先进入并活跃在虚拟交错世界里的"凡人",他们不愿服从既定的规则,只为价值和兴趣工作。越来越多的人认为,全球异客的崛起正是那些保守大公司没落的重要原因,因为在互联网时代,那些顶尖、聪明的人有了真正的自由施展才华和天赋的平台与空间。他们毅然离开了为缺乏创新或者活力不够的大公司打工的行列,在新媒体的世界实现梦想,创造奇迹。

(三)重建中心化

这是一种资源配置方式的改变,一切网络连接、去中心化的本质是重建中心化。自亚当·斯密(Adam Smith)提出市场的基本规律,商业的经营逻辑一直在遵循这样一些规律:股东利益最大化,利润第一;商业资源是匮乏的,人们的需求依赖生产能力;商业价格取决于劳动力及制造成本,产品价值靠广告宣传的力度。由此,企业要成长,就要做大企业,做大了,规模上去了,成本就会降低,就能垄断资源与市场,垄断后,就能控制信息不对称,就能做得更大。这样无限循环,形成商业的中心化特点:以大规模、垄断性的企业为中心。在管理上,企业内部主要以金字塔模式设置员工岗位,从上到下配置资源,设置层层 KPI 考核及培训晋升,结果来自企业组织结构最顶端的位置和命令是一切的中心,其他岗位都只是一台大机器上一个固定的螺丝钉。

但是,在新媒体时代,那些螺丝钉位置可以由人工智能的解决方案代替;当人与人、人与物、物与物等一切连接,原来那个非常有序的、只属于垄断者的资源突然间被释放;原来只属于被选择的对象,现在可以做自我选择。于是,我们看到这样一个新现象:商业最终的资源——优秀人才,离开大公司创业去了;市场最重要的媒介产品和服务,无人问津,产能过剩,传统中心化的垄断格局由此被瓦解。人们正在远离旧有的中心,去中心化成为一个新潮流,但是去中心化后商业将以什么样的逻辑形成新的格局呢?这里就形成了新媒体时代的重建中心化特征。

重建中心化,无外乎是从两个维度发展的:一个是"个人即组织",一个人发自内心的利他,全世界都会围着他转;另一个是"组织即平台",一个实实在在帮助他人的平台,所有商业都会围着他运转。自从互联网进入商业领域,互联网企业都有一个共同的特征,那就是给大众带来很多实惠,如 Google、百度、阿里巴巴等都免费为用户提供信息,反过来又吸引了成千上万的用户留在平台上。

(四)长尾变全尾

2004 年,《长尾理论》一书中提出,在网络世界有一个现象,那些少数热销的大众产品和众多冷门的小众产品,其市场份额呈现出一条带有长长尾巴的曲线。当把尾巴的所有冷门市场汇集起来,其市场能量可以超过大众产品的市场能量。例如,一个地面书店可能会摆放排名前 100 名的热门音乐光盘,而一个网上书店有一半以上的音乐光盘来自排名 100 以后的冷门音乐光盘,但是,当把冷门光盘的销量汇集起来就会发现它超过了那前 100 名热门光盘的销量,这就是长尾理论。

长尾理论的前提是处于稀缺产品时代,企业的目的好像就是生产大批量同质化产品,因为按实现投入与产出的比例逻辑,一个典型的高投入的产品销售量越大,单位成本越小,利润率越高。因此,大企业大多采用大规模、缺乏个性的标准化生产模式,其产品几乎都是相同的大众产品,以此建立大众市场的独霸地位。传统经济专注规模、标准、效率,严重打击和挤压了那些基于满足消费者个性化需求的供应商,他们大多是没有地位的长尾,是市场的弱势群体,他们根本花不起巨额广告宣传费用挤进大众市场。于是,形成了市场竞争的游戏规则:大鱼吃小鱼。随着稀缺物资时代过去,丰裕物资世界到来,网络连接和智能交互技术的解决方案不但会删除原来那些逐利的中间环节,而且将把曾经是大众市场的红线,变成由无数利基市场组成的一条平缓的蓝线,使这个长尾的正态分布曲线逐渐趋于平缓。部落经济正式专注于长尾的个性、自我、喜好,通过社群、社交和网络服务的方式,建立用户体验。

互联网、移动互联网给曾经没有地位的个性化长尾公平的机会,透明的信息和低交易成本,使得长尾无须与大企业再拼广告费用。长尾还正在创造和引领新的竞争规则,通过社交网络、口碑传播推动消费者主权革命,让个性化成为一种高智商、高情商的新潮流,让购买大众市场产品的行为被视为一种个性的缺陷。

当长尾的群落在全球范围足够多,宏观上就会汇集成品类商业生态规模,逐渐取代同质化的大众市场。过去那些万人一款的单品类大企业就像一条孤独的大鱼,正在被数千万的个性化利基市场的小鱼群淹没。例如,在出租车行业,"中国版的 Uber"易到用车如果独善其身,它只是大海里生存的一条小鱼。但是,当滴滴打车、快的打车,甚至与之相关联的好车无忧等 C2C 商业生态圈模式企业崛起,就会形成鱼群效应。正像它们在微信平台上通过吸引粉丝,形成一个新的、有个性特征的出行服务业的部落经济,进而共同冲击和颠覆那些低价值、低工资的传统出租车行业。同时也为新型人才提供了新的商业和工作机会。

平台企业能有效汇集长尾力量。例如,Google 将全世界的人和企业都汇集在一个知识创造与分享的大平台上;在中国,阿里巴巴率先将各类中小企业汇集在平台上,腾讯通过微信平台让无数个体获得绽放个性的机会。已被或正在被颠覆的产业包括媒体、金融、消费品、酒店、出租车、餐饮、美容等,曾经的传统大众市场经济惨遭历史上最强悍的长尾力量威胁。C2C 商业生态圈模式就是长尾侵蚀大众、小鱼淹没大鱼的有效模式。它颠覆了传统市场的企业结构和经营管理方式,专注于在前端培育异客部落用户体验,以个性化大规模定制为支撑,通过部落、社群、社交、网络 O2O 平台撬动消费者的多重角色,使其参与到长尾经济的创造与发展中,形成驱动新业务、新经济转动的轴心。

二、新媒体时代营销策略变革

传统经济时代以客户为中心,在产品、定价、渠道和促销策略上都形成了一定的固有模式。

(一)产品:主观性导向

传统企业一般是由商家控制产品的设计与生产。经历"概念—研发—样品—

小批量—大规模"的流程,而市场调研对于概念和研发阶段非常重要。但是,传统企业一般采用问卷的方式进行客户调研,有时还请入第三方中介调研机构来获得客户需求。设计和开发产品功能是基于调研结果的。这种集中力量的单向市场调研,在复杂多变的时代,很难准确、及时地获取客户的真实需求,很多客户在回答问卷时,是以虚拟的或理想中的我而非现实中的我来完成问卷;且不说问卷设计是否合理,单就客户在回答问题时,常因为不同的环境、场景、状态等因素,而出现同一问题不同答案的情况。事实上这种方式让很多企业从未真正理解过客户。

(二)渠道:强权式构架

渠道一直是企业推广产品的重要环节之一。在传统模式下,企业通常创建的是固定的、等级的或区域限制的渠道结构,将客户交给第三方甚至第四方打理,自己却远离客户。例如,收集渠道的层级代理制曾经就是渠道为王时代的典型,商家宁愿为争取渠道拳打脚踢,也不会为客户改变产品功能费一兵一卒。诺基亚、摩托罗拉以及中国大多数的手机厂商曾经就是基于这种渠道结构连接客户的典型。但是,这个模式导致很多手机厂商库存增加,产品毛利率低到不足以支撑正常经营,最后不得不走向倒闭。

事实上,这种强权式渠道构架也是商业走向不诚信的原因之一。企业将关注点从客户身上移开,而聚焦在如何讨好渠道方面,导致有的企业会与渠道一起,谋划如何对付或欺骗客户。企业与客户建立的是一种弱关系,因而无法洞察客户变化,也无法及时获得客户反馈。

(三)促销:进行性广告

促销是营销学中的重要内容。传统企业大多会建立"推销""灌输"的营销体系,而广告是必不可少的一项重要措施和手段。1948年,美国市场营销协会正式对广告做出"有偿服务"的定义后,广告成为一个行业,伴随着商业的发展。例如,可口可乐公司几十年来就是用广告将一个主要成分是糖和水的产品变成一款家喻户晓的畅销品,这与它持久的、轰炸式、洗脑式的广告促销方式分不开。20世纪下半叶,很多世界品牌的崛起与广而告之的经营方式密不可分。20世纪八九十年代,广告"灌输"的促销方式使得只有垄断资源的人才能有机会让潜在用户接收企业的信息。这种灌输的营销体系动辄以进攻性广告宣传为手段,给客户洗脑,建立标准化需求,消灭个性化需求,甚至为了将卖不出去的商品售出,有商家以欺骗性手段获取客户信任。

(四)定价:逐利式定价

传统模式下,由于信息不对称,一个产品从生产到消费者手中,往往会经历一个长长的链条且成本高昂。因此,很多企业不得不采用转嫁成本的定价模式,而非价值定价模式。将众多研发、生产、仓储、渠道、促销、代理等中间环节的成本费用转移为客户价格,以侵犯消费者利益。这在服装、食品、家居、电子消费品等行业最为明显。在传统方式下以客户为中心的"围剿模式"里,企业与客户的关系是围剿与被围剿的关系,企业的竞争优势建立在客户没有话语权的基础上,商家的价格是自由的。而企业也没有什么平台载体,主要依赖于各种渠道、媒介。这很容易就形成你死我活的零和竞争格局,竞争焦点也只是"术"的层次,大家的关注点都放在洞察竞争对手在做什么,如何模仿,而不是客户要什么。"围剿模式"的盛行导致竞争处于初级阶段,商家急功近利,最终经济也难以持续。

三、新媒体时代以客户为中心的"顾客至上"模式

在今天虚实交错的社会化媒体时代,C2C商业生态圈模式意味着,从客户最初的需求到设计、制造、交付、服务,再到口碑营销传播,是一个商业生态圈层,无论是时间还是空间,一切都围绕着对客户的关爱。也就是说客户是真正自由的,而不是被绑架的。产品、价格、渠道和促销这几个元素仍然在起作用,但是,内容和方法都有本质的不同。例如,价格不但透明,而且可以由客户决定。这种以客户为中心的本质是以"顾客至上"模式运行的。

(一)产品:个性化定制

两位诺贝尔经济学奖获得者乔治·阿克洛夫(George Akerlof)和罗伯特·席勒(Robert J. Shiller)出版的研究成果《动物精神》,证明了资本市场及经济的波动不仅受定量化供应和需求的影响,而且在很大程度上受人们心理、情感等因素影响。前面讨论的个性化规模定制,在人与人、人与机器的互动中,能让客户发生深刻的心理、情感和行为方面的改变,并将这些改变转变为交易行为,从而驱动产生一种新的商业价值。

那么,这个模式如何实现呢? 主要有三个层次。首先,让客户参与创造,制造有情感投入的产品。当创意来自客户,消费者同时也是设计师,产品也就被注入了自己的情感,心理上已经归属自己。并且,消费者因为参与而产生的成就感,会刺激他们下单。

消费者自我意识、自我价值的实现,是人类至关重要的高阶精神需求。要让这种个性化需求嵌入产品或服务,同时让更多个性化成为可能,商家就必须创造一种平台产品或工具,让客户很容易就能参与到定制中。红领和尚品宅配的模式也创造了消费者就是设计师的定制产品,让很多从来没有当过设计师的人过了一把瘾,同时将自己的情感注入产品和服务。例如,在红领的酷特智能平台上,客户可以在款式、面料、做工、颜色、搭配等数百个要素中自行设计、搭配、下单。消费者还能在平台上输入所在城市、楼盘、单元、楼层等房屋信息,有关这个房子的平面布置方案就会自动生成,然后客户可以按照自己对颜色、材料、款式的喜好进行搭配。

这样的产品,一方面极大地刺激个人潜能的发挥和参与,另一方面产品不再是简单的功能型物品,而是注入消费者情感的"爱品"。

其次,赋予产品特殊的灵魂。例如,真正懂画的人不一定是学画的,画是人类特有的语言,懂不懂取决于心灵与情感。讨论产品的最高境界不谈功能,而是谈论产品特殊的灵魂。这正像马斯洛的需求层次理论,初级需求往往是物质形态的,而最高层次需求是精神的。精神通常是通过情感来表达的。个性化定制如果能注入鲜活的灵魂，那需求的空间将是无限的。

最后，通过人文关怀使购买成为一种互动。个性化规模定制并非不让商家来设计和制造，而是要将人文关怀融入设计和制造的过程，给产品和服务增添一种难以置信的惊喜。购买不再是一次性交付的行为，而是一个人与人、人与物互动的过程，这是个性化规模定制产品的另一个重要特征。例如，当尚品宅配公司的专业设计师帮助潜在客户挑选、指导他们组合有可能要购买的家具产品时，通常需要双方配合两三个小时，在反复沟通磨合中，设计师提供专业性很强的服务。设计师专业、温暖的态度能让消费者感受到家人一样的信任和依赖，这个过程极大地激发了潜在消费者的消费欲望。结果，那些得到尚品宅配量尺服务的客户，有95％会到尚品宅配的体验店，而到店后60％都会下单。尚品宅配客户端的界面设计也很友好，即使与欧美相类似产品比较，也不得不承认，它的界面方案从流程设计到视觉效果和专业性，都有着极佳的体验感，能令人眼前一亮，感受到对用户的细致、关爱和热情。产品供应不再是简单的功能应用，而是增加了人文关怀，形成新的客户价值，相应地，需求也不仅是价格方面的，而且极大地减少了交易成本。

（二）渠道：线上线下结合，消费者是全渠道的起点

传统条件下，渠道是营销的通路，由中间商组成的线条式传递结构；但是，再好的产品也有传播不到的死角。而在今天的新媒体环境下，渠道就像一张铺天盖地的网，是C2C商业生态圈中一个360度O2O的社会化网状智能平台，也就是线上线下结合全渠道平台。这种全渠道平台包括线上互联网平台Facebook、微博、微信、社区论坛；线下包括所有群体集聚的地方，如商城、电影院、餐厅、咖啡店等。全渠道是平台的入口，流量变现是考量客户关系的重要新指标。

Airbnb的CEO在公司发展初期最重要的工作之一就是寻找入口，最初与美国在线免费市场Craigslist和Google合作，将房屋照片信息上传。之后，与Facebook

等社交媒体合作,布局线上渠道。尚品宅配的线下渠道也极富创新性。以前,尚品宅配和其他家居企业一样,在家居卖场开店。后来他们发现,人们的生活方式变了,有些人喜欢宅在家里上网购物,对这部分人群,企业通过线上平台与他们对接。而另一些人周末会与家人朋友到市区的综合商业中心购物。于是,尚品宅配重新布局线下渠道,在城市综合消费广场和写字楼建立体验中心。例如,尚品宅配在广州东宝大厦写字楼的三层,建立了一个相当于家庭休闲活动的体验场所。人们带着一家老小到这里,大人与设计师一起讨论家居设计,孩子可以在游戏区嬉戏。东宝大厦的体验店不但给客户带来优质的体验,而且成本大大低于商业卖场,企业将节约下来的成本用在消费者售前服务和现场体验环节。体验店提供不同主题日活动,如为小孩提供周末沙画、高尔夫、动画、游戏等活动。由于新型线上线下渠道融合与传统渠道的不同,一些专业化的渠道营销公司加入 C2C 商业生态圈模式中,帮助企业建立新的招商渠道。例如,一家叫作通路快捷的公司,在过去 5 年里,因帮助无数企业建立线上线下的全渠道网络,已经成长为行业内的领头企业。

(三)促销:互动式参与,消费者就是媒体人

媒体是产品传播的重要方式。今天互联网打破了传统媒体的垄断,也打破了信息不对称。商业靠喊口号、打广告赢得消费者的时代过去了,客户可以拥有自己的媒体,即自媒体。凡是 C2C 商业生态圈模式的消费者,都极具个性和判断力,他们心中都有一个好与坏的标准,通过各种自媒体可以直接展示其主张,以及对产品和服务的意见。而且,消费者和商家一样,都可以是媒体人、营销员。关于一款产品的信息、评价、认知,大众不用再听商家单方面的声音,而是更多来自朋友的推荐和口碑。商家和客户都可以在微信平台上建立公众号和主题部落、社群圈,成为自媒体,甚至是微商城,服务自己的用户、粉丝、客户。

小米在三年内能实现 300 亿元的收入,与它始终如一地倡导"为发烧而生"这个简单的理念分不开。小米建立了粉丝社区,从 2010 年最初的 100 个种子用户群

开始,将他们培育成最忠诚的"米粉",由他们传播小米的理念。种子用户是小米最强有力的营销大师,他们说一句产品好,比小米自己说一千句好更有威力。经消费者口口相传,不到一年,小米就迅速发展出 50 万个发烧友用户,不到三年,粉丝上升到千万量级,这是传统企业那种进攻传播式的促销许多年也难以做到的。

2014 年 8 月 26 日,由泸州老窖集团总裁张良、设计大师许燎源、酒仙网董事长郝鸿峰三大酒界名人联合打造的一款号称"酒界小米"的互联网白酒泸州老窖"三人炫"正式上市,在酒仙网首发,一天便卖出了 3 万瓶。而在整个定制过程中,增加了酒仙网注册用户 1 000 多万。泸州老窖和酒仙网继续合作,经过数月邀请酒友票选、专家盲测和员工盲品并共同参与酿制,推出了一款有参与感的互联网白酒——"三人炫 1.0 版",发动酒友在酒仙网上进行公测,采用小包装,以相对低的价格让消费者试喝。整个酒友参与的过程其实就是促销的过程,结果最终产品出来后,消费者不得不为之尖叫和欢呼。母婴用品品牌"孩子王"在各大商场建立的亲子中心就是客户体验场景的促销模式。他们在一个 5 000 平方米的卖场内,划出 400 平方米专门做免费的亲子中心,成为孩子每周必去的乐园。每年,每个卖场都要举办各式各样的活动,如每月邀请婴幼儿妈妈开座谈会,一起分享育儿心得。久而久之,这里就成了一个婴幼儿妈妈的社交圈和消费部落。她们虽然之前不认识,但是到了孩子王后,因为共同关心孩子的成长而成为朋友,不但一起在孩子王购物,而且传播给亲朋好友,一起来购物。短短的 5 年,孩子王吸引了 300 万消费会员,销售额突破 50 亿。

(四)定价:裸价送投资,消费者就是创业者

个性化规模定制让消费者参与设计、生产、营销甚至经营的全过程,消除了消费、货物积压的分摊成本、中间环节费用,杜绝了不正当竞争。因此,它能使原来是奢侈品的价格变成裸价,同时网络化平台营销模式的崛起,还使消费者在购买后因口碑传播而获得佣金,极大地刺激了消费者参与经营,并将消费者转变为创业者。

例如,红领的定制西服能够做到在面料、款式上和某奢侈品牌相似,并且价格只有该奢侈品牌的 1/10。这是因为红领模式没有强加在客户头上的巨额成本,包括因为信息不对称而导致的高研发成本,进入大商场的高额租金,中间商的层层抽层,大量的广告费用等。而且,红领的酷特定制平台为没有资本但是有创业愿望的人提供了加入创业的平台,任何人都可以自己设计、为他人设计,也可以开一个品牌定制的微店,或推荐客户,成就一个属于自己的网上个性化定制事业。酷特大使计划更是以众筹的方式,每个投资人投 10 万元就可以每年参与企业分红,10 万元的投资还同时可以获得一张等价的服装定制礼品券,为自己或为家人、朋友定制服装。这是一个实实在在的裸价送投资方案。

在 C2C 商业生态圈模式中,客户是自由的,价格对客户是透明的,有时还是由客户决定的。去传统中心化,重建客户为新商业生态的中心是这个模式的特殊价值。后端 C 个性化定制是 C2C 商业生态圈的破冰环节,一旦前端 C 开创了新的网络需求体系,就可以让大众从用户变客户,再变为设计师、营销员、渠道商,再到高度忠诚的加盟创业者。

C2C 商业生态圈模式前段 C 的顾客至上模式,对于今天的管理学提出了具有挑战性的新问题:目标客户究竟是谁? 他们需要什么? 这两个问题变得更难回答,因为个性化规模定制在长尾市场空间里逐步向大众市场演进的过程中,全程需要以客户为中心,这将使 C 到 B 以及 C 到 M 的线性关系转变为立体的 C2B、C2M 的关系,而 C2C 是一切的原点。

这意味着人人消费、人人设计、人人销售、人人创业、人人经营的时代正在持续,当参与商业或经济的每个人都被全方位贴上不同的标签时,靠传统的营销学就很难回答目标客户是谁以及他们需要什么了,我们不得不寻找新的方式方法。

第三章　互联网时代新媒体运营模式全方位解读

第一节　新媒体运营策略

一、新媒体运营的六大策略

当小米从粉丝经济中获益后,越来越多的人开始意识到粉丝的重要性。很多人在提到粉丝经济的时候,第一个想到的就是明星,认为只有明星身后才有一大帮的追随者,并且能够为其代言的产品带来一系列的粉丝效应。

粉丝之所以会产生并形成一定的规模,简单来讲可以归纳为八个字:物以类聚,人以群分。就是将一群拥有共同爱好以及价值观的人集聚到一起。

我们在研究明星粉丝的时候主要调查的群体是中学生以及大学生,他们还没有真正走进社会,因此心思比较单纯,仍然存在很多美好的幻想和期许,因而将注意力放在了很多明星身上,从而成为追星一族。

成为粉丝也就意味着完全接受和认可了明星的价值观,并且愿意追随明星的潮流,乃至生活方式。有的粉丝甚至将自己的偶像视为世界上完美无缺的人,时刻维护自己的偶像,这样的粉丝实际上已经完全迷失了自我,失去了客观公正的判断能力。

新媒体的产生和发展让粉丝开始变得越发重要,同时粉丝经济在新媒体中发挥着越来越重要的作用。一个媒体平台如果没有庞大的粉丝群作为支撑,就会逐渐失去自己的价值,而粉丝经济的产生和发展,还会给报纸、杂志等传统媒体带来冲击,可以说以报纸、杂志为主导的媒体时代已成过去式,新媒体已经借势崛起。

很多传统媒体已经开始意识到粉丝的重要性,并通过各种方式和手段来挖掘和开发粉丝。就连中央电视台也在电视屏幕上给出了自己的微信二维码,号召电视观众通过扫描二维码关注中央电视台微博,从而获得更多的粉丝,提高电视台的收视率。

从本质上来讲,新媒体之争也就是粉丝争夺战,新媒体将营销目标全都指向了获取质量上乘的粉丝上。对于新媒体来说,拥有了粉丝群体就等于拥有了一笔巨大的财富。那么,应该怎样对新媒体进行运营呢? 这是接下来要讲的重点。

(一)打造灵魂人物

现在微博中出现了这样一种现象,很多企业的官方微博已经销声匿迹,但是这些行业里的意见领袖的微博却开得如火如荼。之所以会出现这样的结果,"人"在其中发挥了关键性的作用。

对于粉丝来说,他们所面对的企业的官方微博是一个运营团体,而意见领袖却是一个活生生的人,粉丝可以与其进行沟通、互动,并且建立密切的联系,因此意见领袖就是我们所说的灵魂人物。

一个人之所以能将另一个人发展成为自己的粉丝,这个人必然有自己吸引人的特质或魅力。因此,不管是微信还是微博平台,要想吸引大量的粉丝,关键是要为平台塑造一个灵魂人物,借助灵魂人物的影响力集聚大量的粉丝。一般微信或微博平台的灵魂人物,通常是指企业的创始人。平台的灵魂人物应该积极与粉丝进行互动和交流,增强与他们的联系,从而打造更忠诚的粉丝群体。

如果企业公众号没有自己的特色,将很难长期地吸引粉丝。因此,打造一个灵魂人物,也是保证粉丝能够持续关注企业公众号的良策。

(二)平台思维

要想获得更多的粉丝,必须为粉丝提供优质的内容,只有对他们而言有价值并且感兴趣的东西才会受到他们的关注。以电视台为例,要想提高收视率,必须有优质的电视资源。而要成为一个优秀的公众平台,就必须有优秀的作者提供高质量的内容,这样才能吸引粉丝。

随着时代的推进,社会已经走进了一个泛作者时代,任何一个自主创作的人都可以被称为作者,这些作者创作的各种内容良莠不齐,作者已经失去了原先的价值,因此对于平台来说将优质的文章和内容整理出来发布在平台上可以为读者节省大量的时间,同样也可以让真正优秀的文章体现其应有的价值。

例如,我们经常看的《读者文摘》中的文章就是来自各类报纸和杂志。《读者文摘》中没有原创的内容,也没有签约作者,但是同样受到了很多读者的欢迎,主要原因就在于,它将来自大量报纸以及杂志中的优秀文章整理成册,本来读者需要读很多书才能看到的优秀内容,通过这一本就可以获得,为读者节省了大量的时间,获取了更多有用的知识。

(三)资源运作

随着粉丝数量的增多,这些粉丝都会变成平台的资源,而资源是可以变现甚至是交换的。如果平台仅仅是自己使用这些资源,那么平台所能获得的价值以及影响力就会很小;而如果平台能够将这些资源与粉丝共享,不仅可以更大程度地挖掘资源的价值,同时也可以打造粉丝与平台的利益共同体,从而有效提升平台的价值。

如果平台可以将资源分享给更多的人,那么就等于为平台赢得了更多经营以及运作的人,将平台的命运与粉丝的命运联系起来,充分调动了粉丝对平台资源利用的积极性,为平台带来更多的活力,从而有效推动平台的发展。

(四)把读者当顾客

所谓的读者,就是指阅读一篇文章或者一本书的人,在阅读完成后作者不需要与读者保持联系;而顾客就不一样了,顾客在购买了产品之后,商家仍然需要与顾客保持密切的联系,不仅是对售后的产品进行维修,还包括了解顾客对产品的体验及感受,从而及时对产品进行改进和完善。

可以说,读者与作者是一种不需要维持的关系,而商家与顾客则是一种需要长期维持的关系。如果要发挥新媒体的变现价值,那么就应该将读者看作顾客,与其保持长期的联系,从而为平台创造长期的价值。

(五)打造多个媒体传播渠道

要想吸引和留住更多的粉丝,就需要有多个价值输出渠道,以保证新媒体能够保持鲜活的生命力。

有过新媒体运营经验的人,通常都会知道新粉丝在刚开始关注的时候活跃度一般都很高,但是随着时间的推移,部分粉丝的活跃度就会下降,要想平台能够保持更持久的活跃度就应该每天都能吸引更多新的粉丝,因此应该为自己的平台打造更多的媒体传播渠道,为平台注入源源不断的活力。

(六)重视人脉关系链的传播

新媒体的发展颠覆了传统媒体的传播方式,人脉关系链开始发挥越来越重要的作用。在新媒体传播中,每一个粉丝都成为传播的载体,粉丝不仅是平台的观众,同时也是内容的传播者,而且只要有优质的内容,粉丝的传播能力是可以无限放大的。

如果内容能够被拥有10万粉丝的意见领袖转发分享,那么这次传播所带来的影响力就可以扩大至10倍以上。通过这种人脉关系链的传播可以将内容分享到更多的人群中,并且还不会为平台增加额外成本,既增加了粉丝数量又提高了平台的影响力。

要发挥好人脉关系链的价值,就应该做好内容。粉丝之所以愿意对平台发布的内容进行转发分享,关键在于内容优质,因此做好内容就成了人脉关系链传播效应的坚实基础。

随着新媒体在各个领域的渗透,未来新媒体将成为众多企业营销传播以及获取客户的重要渠道。因此,谁能更好地运营新媒体,谁就能在未来的新媒体之争中抢占更多的优势,抓住更多有利的商机。

移动互联网的发展已经使整个商业格局发生了翻天覆地的变化,随着智能手机、平板等移动智能端设备的流行,用户的购买习惯已经发生了转变,由手机主导的时代已悄然而至,未来一切的商业活动都将以手机为核心,而这就为新媒体的发展提供了更有利的时机,届时新媒体将获得更大的腾飞。

二、新媒体运营的核心本质

长期以来,人们能及时全面地了解信息,不仅得益于科技的发展、传播媒介的产生,同时还离不开媒体从业人员的努力。他们在设计报道方针、叙事角度、媒体资源分配方面都有着丰富的经验,从而让人们了解重大事件的起因、经过、结果,甚至在战争和灾难面前他们也毫不畏惧。

通常为了充实报道的内容,媒体人会花费大量的人力、物力和财力;同时对于一些耗时较长的调查性报道,媒体人也愿意去挖掘。但是,对于媒体运营模式却很少有人愿意去探索。

传媒决策者步入的一个误区就是,企图照搬某种已经成功的媒体运营模式,期望能获得与被模仿者相同的成绩,甚至会陷入思想的泥潭,希望其他媒体先行探索,如果这种模式成功,自己便借鉴过来。这也恰恰是媒体从业人员在内容上花费大量的时间和精力,而不愿意去探索新的媒体营销模式的原因所在,其最终的结果也必然是被时代所淘汰。

（一）内容即产品

随着新媒体的来势汹汹,传统媒体受到巨大冲击,人们亦错误地认为内容为王的时代已经过去。很多人抛开内容转向渠道为王,并为此争论不休。渠道固然重要,但没有内容,渠道只能是空谈。那么,在新媒体时代内容又是什么呢?

中国古语云:"酒香不怕巷子深。"在当时经济发展滞缓、资源不足的现状下,这句话不无道理,但随着经济的发展、时代的进步,人们的生活越来越富裕,粮食已不是稀有物品,而用粮食酿的酒也不再是奢侈品。如果巷子过深,传播不给力,那么即使再香的酒也无法让更多的人了解到。

内容就是产品,媒体内容同其他产品一样,如果它不能满足受众的需求,无法为其提供极致的体验,那么就会为受众所抛弃。因此,媒体从业人员要将内容当作一件产品来对待,在制作之前,考察市场的需求,使内容能契合受众的需要,同时还要在设计、包装、营销等环节下功夫,力求使决策精准,受众广泛。

(二)内容需要包装

内容像产品一样,都需要进行包装。对于商家来说,如果没有精美的包装、吸人眼球的营销手段,即使质量再好的产品也不会有人光顾。世界各国都做过类似的实验:将同样的产品采用不同的包装进行销售,其销售额是不同的。由此可见产品包装的重要性。

但这些实验依旧没有引起媒体人的重视。传统媒体或者不对内容进行包装,或者即使包装,也是粗制滥造,根本没有审美可言。究其原因,无非是传统媒体的从业人员没有从思想上意识到包装的重要性。

当今时代,已是新旧媒体过渡的时代,如果不改变固有思维,认识到包装的重要性,不仅无法向受众传播内容,体现内容的价值,甚至有可能被时代淘汰。

例如,商家在向市场投放产品时,会事先做详细的市场需求调查,产品在什么季节的需求量最大,消费者喜欢什么类型的产品以及包装,当地的风俗习惯有哪些等,都是商家需要了解的信息。

同样,媒体内容既然是产品,那么它必然也涉及供需关系,而受众的需求又是什么,正是需要媒体人去挖掘的。但目前的状况是,媒体人更愿意在内容上耗费大量的精力,以致大量的媒体传播的内容都是类似的,既耗费成本又使受众厌烦。

（三）数据分析与传媒决策

既然内容是产品，那么媒体人还要考虑供求关系、成本以及利润等。为此，媒体人需要进行市场调查，了解受众的需求，传播他们想要了解的内容，这在一定程度上可以保证内容的传播量，最终保证利润。

报纸、杂志、电视等传统媒体通过发行量、收视率和问卷调查等了解受众的需求，而在新媒体时代，这一调查方式则要简单得多。媒体可以通过技术手段获取用户的登录时间、在线时间、跳转时间以及 IP 地址等信息。将获取的这些信息加以分析，便可创建自己的用户画像，用以精确分析用户需求。

新媒体的发展给媒体从业者调查、访问受众提供了便捷的渠道，同时也为其提供了丰富的数据，但很少有人愿意通过亲自分析这些数据来获取有用信息。

数据分析可以帮助传媒决策者从海量的信息中挖掘出对自身发展有用的信息，能够帮助决策者做出正确的决策。在成本管理、订阅用户付费的便捷性、内容呈现的灵活性、用户画像以及使用习惯等方面，这些信息显得尤为重要。

新媒体的发展，已经对传统媒体造成了巨大的冲击，但在挑战面前，传媒决策者绝不能畏缩。虽然新媒体技术对其产生冲击，但同时也带来了先进的技术，媒体从业者不需要再花费巨资购买收视率等了解受众的需求，而可以直接通过自己的网站和客户端获取数据加以分析、利用，迅速地制定策略以应对外界环境的变化。

只有将媒体内容当作产品，在其设计、包装、营销等方面投入大量的精力，满足受众的需求，才能大范围地获取受众，也只有这样的媒体才能将那些固守内容而忽视媒体营销模式的同行远远地甩在身后，成为传媒业的先行者。

三、新媒体时代，内容生产的三大趋势

与传统媒体相比，新媒体的即时性更强，也突破了时空的限制，它不仅改变了媒体的信息生产和传播方式，也使媒体行业的经营形式呈现出新的特点，进而影响到用户的消费习惯。如今的文化市场对各种数字信息内容（比如广告传媒、影视

制作等）的要求逐渐提高,这就意味着经营者需要更加重视内容生产的重要性。

既然媒介环境发生了变化,内容生产也需要与时俱进,为了满足市场需求,内容生产者应该充分利用各种信息资源,及时更新思维,不断发掘具有潜力的信息内容,升级产品形式,拓宽业务范围。

（一）内容呈现的多终端化

移动互联网的普及推动了媒体形态的多样化发展,无论是台式计算机、笔记本,还是平板电脑、智能手机、电子阅读器,抑或互联网电视都能够满足用户对海量信息的需求。除了向用户提供所需信息,它们还新添加了其他各式各样的应用,用户如同身处由多样化内容终端构成的信息网络中,在任何时间、任何地点都可以参与信息交互与传播。

多数传统媒体只能够满足用户进行信息浏览的需求,相比之下,各种新型终端不仅能够呈现信息内容,还能使用户成为信息传播主体,在这种情况下,内容生产将趋向平台化发展,颠覆传统的信息生产、集成及销售模式。

平板电脑、智能手机等移动终端的诞生,进一步拓宽了内容量。此外,内容集成不再局限于平面思维,而是呈现出平台化发展趋势。

（二）内容产品的社区化

进入新媒体时代,媒介产品的生产者致力于在用户与媒介之间形成一种新的、更加相互依赖的关系。如今,除了提供新闻内容及用户所需的各种信息,网络游戏、娱乐产品、社交产品等都属于新媒体内容生产的范畴,这意味着新媒体内容的生产已经过渡到内容与关系相结合的生产阶段。

用户在购买内容产品时,除了考虑该产品的实用性,往往还考虑能否满足与其他用户之间的交流互动。所以,在新媒体时代,社区除了能够进行产品与品牌的推广,还能在内容生产方面发挥作用,经营方也可以用它来整合多样化的产品。

这就要求产品研发者将社区与内容融合成一体,满足用户的多样化需求,使用户对媒介产品的依赖性逐渐提高,同时加强与其他用户的关系。

（三）内容生产主体的多元化

在新媒体时代,受众的被动地位发生了明显的改变,每个用户都可以成为传播中心,通过微博、微信、播客、各种各样的网络论坛和社区传播信息内容,而且这种传播不会受到时间与空间的限制。

与传统互联网时代相比,移动互联网时代下的内容生产呈现出新的特点:用户的活跃性提高,受众在接收传播者提供的内容后加以改造创新,作为新的传播主体与其他人共享信息内容。除了机构性生产,个体生产也成为新媒体内容生产不可或缺的一部分。

与机构性生产不同的是,每个用户都可以作为个体性生产的主体。用户在制作好信息内容后将其上传到网络平台与其他人分享。在媒介生产技术不断提高的今天,将会有越来越多的人成为个体性内容生产者,由用户自己参与制作的信息内容也将获得更多人的青睐。

第二节　自媒体运营策略

一、自媒体平台运营现状分析

随着微博、微信等网络社区的流行,自媒体也成为人们热议的话题,但自媒体人却走入一个怪圈,误认为在移动互联网时代只有"网络名人才能赚钱"。而营造一个健康的自媒体生态圈,需要建立起行业规范,在满足自媒体人需求的同时,又能创造一个有秩序的市场环境。

互联网的发展,为自媒体的崛起提供了技术基础,微信订阅号、知乎等平台迅速兴起,越来越多的具有影响力的公众人物开始通过上述社交媒体,将自己的经验、感悟、评论与大众分享,拉近了普通用户和公众人物之间的距离,因而吸引了大批的用户。与此同时,也吸引了大量的广告商和赞助商。

为什么越来越多的人热衷于经营自媒体? 这就要谈到"认知盈余"这一概念:每个人在工作、生活中,会接触到不同的信息以及知识,并会产生一定的感悟,当这些体验、知识超过了自己所需的数量,就需要进行分享、销售。而社交媒体恰好能为公众分享自己的感悟、体验提供一个交流沟通的平台。

在出售自己的感悟、体验以及知识的过程中,原创者将获得一定的粉丝以及经济报酬,在利益的驱动下,自媒体将会越做越大。

随着移动互联网的发展,人们对自我的认识开始深化,社会逐渐去中心化,催生出大量的自由职业者,自媒体开始迅速发展,未来自媒体将发挥越来越大的商业价值。

二、标准化运营

(一)摆脱"营销号"的怪圈

"营销号"的本质是依靠流量获得收益,粉丝数是唯一的衡量标准。因此,为了吸引更多的用户,并留住现有的粉丝,营销号大肆抄袭,甚至发布一些低俗的内容,以吸引用户订阅。但这种做法无异于饮鸩止渴,最终会被市场所淘汰。

自媒体行业必须完善相应的体制机制,摆脱"营销号"的怪圈,打造一个有序的市场环境。因此,自媒体自身要运营健康的内容,同时还需要依托外界的平台支持。类似于司机借助优步(Uber)的平台发展,店主在淘宝的平台上经营,而自媒体要想顺利发展,则需要平台提供一个"去中心""标准化""可复制"的环境。

(二)自媒体的标准化之路

随着移动互联网的发展,用户的阅读习惯也在发生变化,移动化正成为未来阅读的发展趋势,与之相对应的是,自媒体和新闻客户端成为用户阅读的入口。但是,自媒体运营的付出与收入却不成正比。虽然其影响力巨大,而它的商业价值却难以有持续性的提高。

目前,自媒体市场还比较混乱,对于它的分类还没有一个标准的规范,同时其评价机制也不完善。虽然自媒体人曾试图从兴趣和行业的角度来细化自媒体,但其成效甚微,商业价值依然没有起色。

要发挥自媒体的商业价值,需要建立起标准化和可复制性的市场机制,因此可以将自媒体的品牌影响力和渠道覆盖当作一种商品,用"量化"的方法去衡量它的价值。目前,自媒体市场上的标准化服务主要由新媒体指数、一道自媒体等平台提供,同时一道自媒体平台还在阅读数(影响力)、标签化(垂直)、刊例价等方面对自媒体市场进行规范。

大量的自媒体个体在自媒体标准化上采用报价表的形式,这种报价表与刊例价相类似,但它更加传统,并且没有统一的标准化规范。

而一道自媒体的刊例价模式则是排除一些干扰因素,如粉丝量,给予自媒体极大的自主权,它可以自行分类、自我报价,并且还将持续统计阅读数。采用这种标准化的形式在广告投放、软文投放的初期就可以预测到效益情况,因而能够吸引更多的广告商和赞助商。

随着自媒体市场的进一步标准化和规范化,未来的自媒体将以垂直化和专业化为发展趋势。当自媒体发展到一定程度时,它将满足广告主的要求,自身的商业价值也将凸显出来。

目前,自媒体平台的发展为公众分享感悟、体验以及知识提供了平台,但自媒体市场的秩序还不规范,需要自媒体人以及自媒体平台的共同努力,打造一个标准化、规范化的自媒体市场。

第三节　新闻 App 运营策略

一、新闻 App 的三大主流模式

新闻 App 并未按照运营商最初预期的那样发展,但是新闻 App 作为一个成功迎合移动互联网时代特征的移动化产品也有其独到之处,一些新闻类的 App 根据市场的特点走出了一条创新发展之路,并在市场上取得了不错的成效。

(一)专业型

专业型媒体以其高质量的内容所赋予的独特性与专业性使其与其他类型的媒体有较大的区分度,在市场上受到了消费者的一致青睐。而新闻 App 作为传统媒体在移动互联网空间上的延伸,其专业性的特征也比较容易打开市场。

由于市场环境方面的影响,专业型的 App 实现盈利往往是在财经领域。例如,采取收费模式的"新世纪"App 上线不久,仅在平板电脑版本上的营收就已突破了百万元。如今,消费者更倾向选择高质量的内容,而且乐于为这些优质产品买单。

(二)地域型

媒体上线 App 应用的一大优势就是使产品的辐射范围从一个区域扩展至全国,甚至走向世界。然而一些媒体却反其道而行之,强化新闻 App 的地域特色,增强本地化生活资讯属性,依靠本地区的受众也取得了良好的效果。

苏州广播电视总台开发出的地域型新闻 App "无线苏州"就是一个典型的代表,地域性与去媒体化色彩浓厚。"无线苏州"是一款城市新闻生活类 App 应用,为本地用户提供新闻资讯、路况信息、天气预报等城市生活资讯。它创造性地将城市服务信息、新闻资讯传播、公共信息查询的内容融为一体,吸引了当地大量的忠实用户。地域特色是"无线苏州"App 的一大特点,下载移动客户端的用户可以借助这个 App 实时掌握苏州的生活类资讯,查询苏州的天气情况,找到周边的公交站、地铁站等。坚持地域特色使该App成功获得了大量的本地用户,受过大专与本科教育的用户比例在80%以上,活跃用户达到几十万。如果结合LBS服务技术,引入商家入驻平台,并为这些商家提供营销服务,其商业发展前景将无限光明。

(三)服务型

服务型新闻App中"深圳晚报"是一个典型案例,该新闻App主要服务于用户所需要的新闻资讯与生活服务两大领域,新闻资讯方面开发出了"即时""体育""娱乐""资讯""天下"等多个模块,新闻范围覆盖全球,实现热点事件实时报道。另外,还增加了"一键爆料"功能,用户可以将自己身边发生的突发事件上传至App中与广大用户分享。

此外,新闻内容的个性化与定制化也得到体现,用户可以随时分享、收藏自己感兴趣的新闻、图片,而且还能实现与发稿人的实时互动,对新闻内容进行评论、点赞等。除了服务这一大特色,"深圳晚报"App还开发了与硬件相结合的社区服务,用户通过App这一入口,能够体验社区便民服务、公共事业缴费、生鲜购买等多种类型的综合服务。

二、内容:多元、即时与不可替代

上述新闻App的三大主流模式,主要是从宏观层面对一些成功的新闻App的特点进行分析,对当下移动互联网时代陷入困境的传统媒体来说,更为重要的是从微观层面进行分析,以新闻App的内容、表现形式、用户定位、营销推广、盈利模式等多个角度作为切入点。

当下大多数传统媒体App的主要内容还是将自己的线下内容照搬到App中,使传统的线下资源实现"移动化"。

新媒体在内容的生产上创造了更多的形式,除了平台上的专业人士负责撰写文章,还将平台作为自媒体时代用户生产内容的载体,出现了以"鲜果"App为代表的UGC(用户创造内容),以"搜狐新闻"App为代表的PGC(专业人才创造内容），以及以"今日头条"App为代表的AAC（算法创造内容）。

传统媒体的App应用应该尝试从多渠道通过多种方式创造内容，移动互联网时代要学会顺势、借势、造势，积极拥抱自媒体这一风口，平台应更多地引入用户创造内容，通过合适的激励机制让具有专业能力的人才为平台贡献内容；实现内容的精准分类，让用户更加方便地阅读自己需要的内容，优化阅读体验，向用户提供查询搜索服务，方便用户在某些内容遗忘后重新阅读。这种注重用户体验的App，也必定会创造巨大的商业价值。

内容的独特性也是传统媒体新闻App获得成功的关键，可以向用户提供一些独特的原创信息产品，组织各种各样的用户活动，使新闻App与其他的竞争者形成明显的区分度。

另外，当下的新闻App多采用以日为单位更新内容，一些突发的热点新闻无法做到实时更新，而如今内容的多样性、丰富性、时效性对于唤醒沉淀用户发挥的作用非常关键，无法为用户及时提供所需内容的新闻App最终只能被淘汰。

三、表现形式：简洁夺目与稳定亲和

内容的差异性需要媒体通过相应的差异化形式将这些内容向用户展示出来，这也是塑造品牌文化的关键。

媒体App的表现形式应该考虑简洁明了、吸引眼球、亲和友好、持续稳定等几个方面的要素。简洁明了的设计与操作能让用户获得良好的体验，账号申请流程、推送消息的阅读机制、历史记录查询等方面都可以进行优化。例如，"金融时报"App的成功和其简单实用、风格清新的特点是分不开的。

媒体App的设计还要考虑开放性，自媒体时代注重共享与开放，平台上内容的下载、上传、阅读都应该是由用户根据自己的喜好决定，开放、自由、平等的基本原则在新闻App中同样适用，只有真正地为用户考虑，才能真正地拥有用户。

亲和友好与稳定持续也是新闻App在表现形式上要考虑的重要因素，试问

一个与用户终端兼容性存在问题、经常崩溃的 App 如何沉淀用户？例如，"时尚芭莎"App 应用的开发团队就是运用科技手段，使 App 的内容以更加友好、稳定的形式呈现在消费者面前，从而获得了用户的一致认可。

四、盈利模式：内容限免与小额打赏

目前，一些媒体的 App 应用采用下载收费的盈利模式，而仅有一些专业性的财经类新闻 App 能成功盈利，其他类型的新闻 App 在这种盈利模式下很难有所发展。一些媒体 App 开发出了内容限免、小额打赏的盈利模式，用户只通过少量的费用便可获得优质的内容，通过长尾效应创造更高的价值，在实践中获得了不错的效果。

（一）内容限免

付费才能获得内容的盈利模式会损失掉一大批的潜在用户，一些有创造性的新闻 App 运营者设计出了多种盈利模式。例如：针对文章的热度采取不同的收费标准的支付体系；对一些优质的内容用户只能阅读其中的一部分，付费后才能阅读全部内容；等等。

英国"经济学人"App 的用户每周可以获得 3 ~ 6 篇免费的文章，其他优质的内容只能付费阅读。这种内容限免的盈利模式可以使平台在稳定现有用户的基础上，成功地吸引潜在用户。

（二）小额打赏

基于长尾效应的小额打赏也是媒体 App 实现盈利的一种重要手段。

鞭牛士（Bianews）App 上的 IT 新闻就是采用此种收费方式，借此平台可以获得不错的收入。其实这个 App 应用上的所有内容都是用户可以免费获得的，如果用户认可某篇文章可以支付小额的费用作为激励，这种收费方式更加人性化，受到了大量用户的好评。

（三）使用服务收费

主要是指媒体 App 对平台中的资讯类实用服务采取付费阅读模式,如资料搜寻服务、将文章转化为 PDF 文档、获得高清晰度的图表以及某些重要的数据等都可以向用户收取少量的费用,毕竟用户对这些稀缺内容的付费欲望比较强烈。

（四）周边衍生产品的设计与销售

媒体完全可以将 App 平台定位成一个管理客户关系的综合系统,根据对用户的需求分析找到用户所关注的热点,设计出相应的周边衍生品,在这些产品的设计中征求用户的意见,增强用户的参与感,让其成为一种实现满足用户需求的定制化周边衍生品,这种模式的产品生产与销售投入较低而且比较容易为消费者所接受。

五、用户定位：强化互动与鼓励分享

目前,国际上成功的 App 应用的衡量标准主要是其在 App 市场（App Store、Google Play）的排名,而在 App 市场的排名要受到用户的下载量、评论、用户流量、转化率、激活率等多种因素的影响,其中最为关键的因素是与用户管理直接相关的用户下载量与评论。

（一）强化互动

在移动互联网时代,媒体 App 应用要想获得成功离不开优质用户体验的创造。

媒体通过 App 应用与用户建立了情感上的联系,从这一角度来讲 App 其实可以被称为"用户管理平台"。可以通过运营微信公众号与用户实时沟通交流,让用户在内容的生产与表现形式上提出批评、建议,这样可以增强用户对品牌的忠诚度,使其获得存在感与参与感,以主人翁姿态参与到媒体 App 内容的创造过程中来。

（二）鼓励分享

对于一些为 App 创造优质内容的用户可以给予一定的奖励,既可以是物质奖励也可以是精神奖励,这种方式在提升用户对品牌的归属感与忠诚度方面具有极大的优势。一套完善的内容分享激励机制的建立是实现这种方式持续稳定发展的重要保证,通过开发的内容分享功能使用户可以将感兴趣的内容共享到各大社交媒体平台上,以用户自主分享的方式将品牌推向更大的市场。

媒体"今日头条"App的成功就是一个典型的案例,用户在阅读完平台上的内容后可以将自己认可的内容一键分享至微信、微博,也可以将其通过短信、彩信、E-mail等方式实现共享。另外,延伸阅读功能的建立能为消费者提供与其兴趣爱好一致的内容,对积极参与优质内容共享的用户给予一定的奖励,使新闻媒体与用户之间建立深层次的情感链接,提升用户对品牌的忠诚度。

六、营销推广:多触点延伸与新旧媒体互推

传统媒体大规模进军App市场,在一定程度上造成了用户对某种产品关注度与黏性的降低,结合当下的市场环境,用户关注度与黏性的维系主要通过两种手段:多触点延伸与新旧媒体互推。

(一)多触点延伸

使媒体的新闻App与产品App形成对接。例如,网易的新闻App与网易云音乐App、有道词典App对接,百度新闻App与百度魔图App对接等,能够将产品App的用户流量优势发挥出来,而且新闻App在推广产品App方面具有极大的优势,使二者能相互促进、协同发展。另外,媒体的新闻App还可以与其他品牌的App进行合作,一些以墨迹天气、搜狗输入法为代表的日常应用App拥有海量的用户流量,可以通过与它们的合作来进行新闻App的品牌推广。

随着移动互联网时代社交媒体平台的兴起,出现了拥有众多粉丝的意见领袖,他们中有企业家、某一领域的专家,还有一些明星大腕儿,将这些意见领袖引入媒体App的制作以及营销推广过程中,发挥专业人才的创造力与影响力,从而增强产品的推广营销效果。

（二）新旧媒体互推

新媒体与旧媒体之间互相推广，如在传统媒体的纸质产品营销推广过程中，以多种形式向用户推广数字化的媒体 App 应用，也可以在 App 中通过内容营销等手段进行纸质媒体的推广。《京华时报》的纸质产品中就添加了扫码直接下载新闻 App 应用的二维码，极大地带动了媒体 App 的用户流量提升。

当然，与火爆的电视节目进行合作，借力进行新闻 App 推广也是一个不错的发展思路。但是，新闻 App 的运营者应该认识到不同类型的 App 借力电视节目进行推广，需要考虑节目的类型、风格，以及节目的受众是否与 App 的用户定位相一致的因素。

说到底，媒体进行新闻 App 的开发是要顺应移动互联网时代的移动化发展潮流，但是对于一些中小媒体公司来说不需要将自己限制在独立研发 App 应用的思维定式中，媒体完全可以借力其他的第三方综合服务平台，通过受众热捧的自媒体在新时代的市场竞争中找到自身的位置。

在传统媒体新闻 App 的发展过程中，能够克服自身在技术与思维方式等方面的劣势，与拥有技术优势的合作伙伴协同发展，同时发挥自己在信息资源占有方面的内容优势，结合移动互联网时代大数据与云计算在内容生产上发挥出来的巨大作用，最终走好新时期的传统媒体移动化生存之路。

第四节　"新媒体＋企业"运营策略

一、新媒体给企业发展带来的机遇与挑战

移动互联网时代的到来带来了信息飞速传播的新局面，在这一局面下，人人都可成为"自媒体"，这种媒体遍布的现状带来的信息影响力是惊人的，一件小事能

够迅速蔓延至全国,同样,一个突发事件也可能波及整个行业。那么,企业应当如何抓住这个机遇,同时有效规避其所带来的风险呢?

传统传播渠道不断变革升级,与企业相关的很多信息都被曝光在公众视野之中,人们通过网络对发生的事件饶有兴趣地围观着。对于企业来说,首先应当加强对新闻渠道及信息传播渠道的管理,对大众展开趋利避害的新闻引导,合理利用新闻资源,优化新闻传播价值,为企业的发展营造良好的舆论环境,这显然已经成为各企业在发展中必须面对的新课题。

正所谓"星星之火,可以燎原",新媒体的崛起已迅速波及整个行业,智能手机、平板电脑等终端普及率飞升,在给传统媒体带来巨大冲击的同时,也给企业带来了机遇和挑战。因此,企业应当学会趁着新媒体发展的大潮抓住机遇,因时制宜,不断升级和革新企业的宣传策略,迎合大众新的信息接收习惯,只有这样才能为企业发展铺平道路。那么,新媒体作用在企业发展上会体现在哪些方面呢?

首先,新媒体在很大程度上突破了时空的限制,传播方式更加多元,速度更快,范围也更广,这样的传播影响力极大地超越了传统媒体。以微博为例,其传播与事件第一现场同步,即时连线新闻的发生与发展,满足用户第一时间了解发展态势的诉求。

新媒体传播的即时性打通了企业与大众沟通的渠道,企业可以更快、更准确地收集公众的意愿、偏好、意见并进行分析,从而有针对性地调整公司发展战略。

当然,信息传播速度的加快也带来了企业危机公关的压力。在传统媒体方式下,一个事件可能由于时间的持续性长,在事件还未发酵至热点时便减退了其热度。但是在新媒体条件下传播速度加快,爆发力强,某些局部的小问题都可能迅速地在网络上被人为地发展、变异、扩大,最终发酵成足以影响整个企业的大事件。

其次,传统营销方式中存在的传播壁垒因为新媒体的到来被突破,各种不同智能终端的丰富使得传播途径越发便捷,与公众的交流呈现出随时随地的特点,企业的信息能够方便地传递给公众,不同的平台也就成为企业树立品牌形象、维护品牌运营以及推广业务的广阔阵地。

企业营销推广的效果借助新媒体效果成倍增长,也许某个无意间的传播,就会形成一传十、十传百的效果,企业没有投入成本,效果却远远强于高成本的广告。因此,目前微博、微信、社交网站等已经成为企业的营销新渠道。

二、移动互联网时代的企业媒体运营策略

在新媒体时代,企业要想生存,不仅要做好自己的产品,还要学会"说好"自己的产品。全媒体的效应营造了信息流速加快的环境,企业要学会利用不同的媒体来优化自己的宣传效果。

具体来说,企业应当认识不同媒体的特征,分析不同媒体适合自己在哪一方面的宣传,做到有的放矢,科学分配资源,只有"知媒"才能最大化媒体的价值。

(一)知媒:深度了解不同媒体的特性

媒体具有侧重点不同的特性。网络时代下的新媒体具备传播效率高、速度快、范围广以及成本低的特点,毫无疑问成为企业营销推广的绝佳选择。企业了解不同媒体的特点,做到"知媒善用",往往能事半功倍。

"自媒体"是各种网络信息传播渠道的综合体,如微博可以将企业网站、论坛、新闻等内容串联在一起,把与企业相关的内容一条龙式地推送给读者。因此,企业要学会挖掘微博的综合性功能,不仅要利用微博传递企业信息,还要学会通过微博平台与用户进行沟通交流,使得微博成为企业进行营销推广以及通过互联网来拓展延伸自身服务的新渠道。

那么,新媒体呈现出如此强大的功能和影响,这是否就意味着传统媒体的彻底衰亡呢?答案是否定的。由于目前以报纸、广播、电视等为主的传统媒体依旧发挥着传递重要信息,尤其是具有"官方"属性的信息的作用,所以其地位仍旧是不可撼动的。传统媒体依旧是企业应当关注的推广渠道,尤其是对于大型央企来说,传统媒体依旧作为其向政府以及公众传递信息的重要平台。

（二）善用：学会利用媒体特征来最大化价值

1. 不同的内容匹配不同的媒体

不同的媒体特性不同，所适用的传播内容也是不同的。例如，传统媒体适合于承载大篇幅的报道，而新闻短讯和实时快报则适合在网络媒体上传播。以图片为主的信息直观性较强，适合微博等平台传播，而叙述性、故事性较强的内容则各种媒体都比较适宜。所以，企业应当根据自身的发展需要制订策划案，再投放到适合策划案的媒体上去。

2. 综合运用不同的媒体

在新媒体时代，媒体的综合运用效果要远远高出一个媒体的单独运用。据调查显示，一则新闻只在电视台播出，其受众覆盖率仅为 17%；而一旦与互联网进行联动，覆盖率就骤然飙升到 90%。户外广告也是如此，对接互联网之后比之前单纯的户外广告要高出 75 个百分点。

由此可见，综合运用不同的媒体可以最大化一个事件的效应，企业在进行推广的时候应当注意运用不同的媒体来对事件进行多侧面的报道，从而形成一个立体化的事件效应。

3. "说话"的学问

通俗来说，媒体传播就是把信息的内容"说"出去，而如何说得精彩，说的内容让受众愿意听，这就是一门学问。

企业希望受众"听到"什么，希望媒体传播什么，这就是"说什么"，是信息传播的目的。而通过什么途径、什么方式进行传播，就是"怎么说"，这是传播的手段。二者对于营销效果的达成都是十分重要的。

企业要宣传，能说的内容实在太多了，但是如何才能达到最终目的，就要注意说话的方式。例如，哪些信息没有时间上的要求，而哪些信息需要在第一时间传播出去；哪些信息对于企业的价值大，而哪些信息的价值较小等。对这些信息进行有序分类,按照先后次序和重要程度合理传播,这就需要企业在新闻策划上下足功夫。

(三)会管:学会应对和处理网络舆论

自媒体时代极大地消除了传播边界,传播中心遍布的局面也带来了事件效应放大的必然结果。网民发表言论的途径众多,微博、微信、论坛等数不胜数,传播途径畅通使得任何微小的危机事件都会被无限放大,如果企业不重视,后果将不堪设想。这就给企业的危机公关带来了前所未有的压力,企业应当重视网络舆论,研究其发展规律,提高应对危机的能力。

1. 建立健全舆情监测机制

要想应对舆情带来的影响,首先就要"知彼知己",及时获知舆情的动向。只有始终比负面舆情领先一步,才能做到临危不乱,游刃有余。

因此,舆情监测不是一项阶段性工作,而是日常工作。企业应当对全网舆情建立全日制的监测机制,及时捕获负面舆情,面对其萌芽及时预警,做到积极引导,冷静处理,为接下来可能发生的舆情走向做好准备。

2. 建立危机应对机制

危机一旦发生,企业的危机应对机制就应该发挥作用了。企业不仅需要一支具备敏捷反应力、强大的事件处理能力的危机公关队伍,还应当在日常维护中同媒体保持良好的沟通和和谐的关系。一旦发现负面舆情,企业进行引导和应对的关键途径之一就是媒体。所以媒体对于企业的重要性可想而知,双方之间存在合作共利的关系,因此二者存在保持友好关系的基础。

企业不仅要善用媒体,利用媒体工具对负面舆情进行积极引导,反映事件本质,对于发生的事件尤其是重大事件进行全面深入的报道,引导事件的走向,还应当注意在日常工作中保持与媒体的良好关系,坚持平等、和谐、尊重、共进的原则,维护媒体的应得利益,支持媒体的合理工作,尊重媒体所报道的客观事实以及揭露的客观市场规律。只有这样,在需要媒体帮助进行危机公关时才会顺利。

总而言之,新媒体时代对于企业来说是一个机遇与挑战并存的时代,企业可以趁势而上,但一不小心也会沉没其中。如何抓住机遇,迎接挑战,这是每一个企业在新时代来临之际都必须思考的一个问题。

对于企业来说,迎合时代趋势制定发展策略是重中之重。以宣传工作为例,企业的宣传需要树立起新的发展理念,深入了解不同媒体的特点,学会利用媒体进行恰当的信息推送,在监控危机、面对危机等方面都有一套完整的机制,只有这样才能迅速融入这一新的发展态势中来,建立起迎合时代发展的宣传模式,在新媒体时代为企业的发展保驾护航。

三、企业运用社交媒体营销的策略

如今,社交媒体在我们的生活中扮演着越来越重要的角色,人们在社交媒体中花费的时间呈现快速增长的趋势。而社交媒体营销在企业众多的营销渠道中的地位也越来越重要。

国外的 Facebook、Twitter,国内的微博、微信,这些拥有亿级用户流量的社交媒体平台成为企业进行战略布局的新战场,社会化媒体在企业的发展中具有重大的推动作用。

仅认识到社交媒体在企业发展中的重要作用还不够,更为关键的是如何借力社交媒体平台使小企业的发展迈上更高的台阶。以下是几种小企业布局社交媒体平台的有效手段,小企业的管理者可以借鉴。

(一)尽可能地掌握目标用户信息

对企业来说,用户定位的精确性是企业实现价值变现的关键部分,社交媒体平台上的用户群体存在一定的差异,找到与企业的产品相匹配的目标用户,通过多种途径掌握用户的生活方式、消费需求、兴趣爱好、关注点等特征。

移动互联网时代企业掌握的用户数据越多,产品与服务设计过程中越容易出现亮点,这样在市场中才能火爆。

(二)尝试多种社交媒体平台找到最佳选择

与企业品牌特点相一致的社交媒体平台会让企业的社会化营销取得事半功倍的效果,但做到这一点绝非易事。一些用户流量极高的社交媒体平台,并不一定能将企业的产品推广至合适的受众,而一些用户流量相对较少的社交媒体平台反而会存在大量的潜在用户。

企业应尽可能地多尝试不同的社交媒体平台,从而找到最适合企业营销的有效载体。

(三)使用社会化媒体运营管理工具

在多个社交媒体平台上进行品牌推广是一件很繁重的工作,企业要投入大量的资源去进行管理,在这种情况下,企业迫切需要低成本、高效率的社交媒体运营管理工具来帮助处理日益繁重的工作。Ping.FM、HelloTXT、HootSuite 可以将用户的多个社会化媒体账号统一到一个网页中,实现一键管理。

目前,国际上的社交媒体运营管理工具的应用已经十分普遍,在多个垂直细分领域都有所发展。例如,以 Social Listening 为代表的社会化倾听管理工具,以 Argyle Social 为代表的社会化对话管理工具,以 Engage Sciences 为代表的社会化营销管理工具,以 Socialbakers 为代表的社会化分析管理工具,以 Klout 为代表的社会化影响指数管理工具。

当下国内的社交媒体管理工具主要有:孔明社会化媒体管理平台、蜂巢社交管理系统、微博管理行家、微动等,其中有收费的也有免费使用的。企业可以先尝试一下免费的管理工具,熟练掌握后再根据自己的需求去发掘合适的管理工具。

(四)可视化内容创造

内容的重要性不言而喻,合理的图片、视频与文本的结合能让企业所推广品牌的内容可读性提升,与纯文本的内容相比,图片、视频更能提升情感体验,激发用户的互动欲望,从而为产品设计提供宝贵的用户评论数据。

(五)提升粉丝忠诚度与归属感

企业的社交媒体平台选择与营销内容方面的工作完成以后还要考虑如何建立忠实的粉丝社群,获取用户并不代表用户会对企业保持持续的关注,一个社交媒体的用户可能会同时关注十几个公众账号,而经常浏览的账号通常只有 2 ~ 3 个。

身为一名社交媒体平台营销人员,应该认识到对企业来说社会化媒体是一个掌握潜在用户动态信息的平台,不应该向用户提出过多的要求,要尽量保持与用户的实时互动,提升用户对企业的品牌文化的认同感与归属感,与粉丝之间形成一个相互信任、协同发展的合作关系,最终实现与粉丝的价值共创。

(六)制定并严格执行社会化媒体发展战略

企业进行社交媒体营销需要制定相应的发展战略,使各项工作能够按照规章制度持续稳定地运行,同时,需要利用合适的考核指标督促员工认真执行。通过营销管理人员实时发布的优质内容,保持足够的用户黏性,从而沉淀大量的忠实用户。强化团队意识,使员工为了共同的理想与目标共同努力、共同进步。

(七)保持足够的耐心

社交媒体营销要见到一定的成效需要经过长期的积累,这个时间有时会长达几年,在这个过程中需要保持足够的耐心,毕竟社交媒体营销战略的实现需要经过长时间的努力,真正伟大的创造向来属于为之痴迷、为之奋斗的坚持者。

如今,社交媒体营销已经成为营销领域的重要组成部分,社交媒体营销是移动互联网时代小企业走向成功的必经之路。

善用社交媒体营销的企业在未来才有足够的竞争力,就等于是找到了一条获取海量用户流量的重要途径,由此沉淀下来的用户群体也更具认同感与归属感,这会使企业在激烈的市场竞争中获得巨大的优势。

第四章 互联网时代新媒体营销新法则

第一节 新媒体时代的营销模式创新

一、摒弃流量思维,开启内容互动时代

随着互联网的普及与应用,互联网用户的增速正在逐渐趋缓,增量市场即将终结,存量市场正在开启。这种现象表明,在用户有限增长的情况下,竞争者的数量会越来越多,线上广告所取得的营销效果将越来越差。无论是搜索引擎,还是信息流、首页、网盟、开屏,转化率都会呈现明显的下降趋势,用户留存情况也不尽如人意,投资回报率与关键绩效指标要求相去甚远。

随着时代变革(电视时代—门户时代—搜索时代—社交时代—自媒体崛起时代),用户的注意力日渐分散,企业不仅难以抓住用户的眼球,获取用户的注意力,还难以抓住用户的心,获取用户的忠诚度。

(一)从网络营销的成功来看流量思维

为了便于理解,我们可以将门户时代称为1.0,搜索时代称为2.0,社交时代称为3.0。在1.0时代,信息相对比较匮乏,关于"看什么"这个问题用户没有太多选择,处于被动接收信息状态。在这种情况下,广告所发挥出来的告知作用非常巨大。企业只要通过广告将某款产品的使用优势、价格优势告知给用户,大多数用户就能接受这款产品。

因此,在那个时代,企业或个人只需一个网站或者博客,导入一些备受大众喜爱的杂志内容或者小说,就能吸引众多用户的注意力。在有了一定的用户基础之

后,网站或者博客就可以开始"卖广告"了。但是这种方法有一个很重要的前提,就是内容匮乏,用户获取内容困难。在信息爆炸,用户能轻易获取内容的今天,该方法已失去效用。

在 2.0 时代,用户借助互联网,使用关键词来搜索信息,用户掌握了信息主动权。面对这种情况,有人认为互联网广告进入了互动期,这种"互动"指的是人与机器之间的互动。

随着搜索的发展,互联网广告实现了快速增长,这种广告能对用户的购买行为进行精确定位,还能按点击付费。借助搜索营销所带来的红利,教育、医疗、旅游等产业实现了快速发展。

对早期网络营销的成功进行解析可以发现一些共同点,如用户有较大的信息需求,网络广告能赢得用户的高度信任,竞争不激烈,等等。

举例来说,在早期,用户通过百度搜索一家医院,可能就只获得两三家医院的信息,竞争不激烈,网络营销的效果比较好。再加上早期用户对网络媒体的信任度较高,百度等推送的广告能获取大多数用户的信任,使营销效果变得更好。另外,用户对信息的大量需求造就了一个供不应求的卖方市场,也使广告效果变得更好。

通过对早期网络营销的成功之路进行总结可以发现,从根本上来说,流量思维发生作用的原因在于用户获取信息方法有限,使用户被各种媒体信息、产品信息所"绑架"。所以,早期的企业才能通过搜索营销获取用户的注意力,取得巨大的营销成果。

但随着移动互联网的发展,微博、微信等社交平台的广泛应用,用户不仅能获取更多的信息,还掌握了信息发布权。通过自媒体、公众号、直播秀等,用户可以随时随地创造属于他们自己的内容。在这种情况下,流量思维逐渐失去了效用,那些依附于搜索引擎而生的门户、个人站长、联盟逐渐被淘汰,互动营销、信任营销开始崭露头角。

（二）社交营销带来内容和互动的变革

从强行推送的早期门户，到人机互动的搜索引擎，现如今又进入了人人互动的社交媒体。在这个时代，当用户在朋友圈看到某个产品的广告时，或许只因为好友点赞，或许只因为广告创意，就会展开激烈的交流与讨论。

在社交媒体时代，人们获取信息的方式发生了较大的改变，逐渐从门户网站、新闻 App 中脱离出来，开始从好友分享的文章中获取信息。过去，某人开通一个博客，想要邀请亲朋好友来访问助阵比较困难、麻烦。而现在的微信公众号弥补了这一缺陷，每个人都有机会吸引亲朋好友及陌生人的注意力，成为一个自媒体。

正是因为用户接收信息、发布信息的方式发生了改变，使媒体、企业正在逐渐失去用户的注意力。虽然用户对企业或者媒体的依赖正在逐渐减弱，但其对社交平台的依赖绝对不会消失。

过去，流量思维只关注四大指标，分别是曝光、点击、注册、购买，其与社交营销存在很大的不同。

首先，流量思维倾向于购买大流量位置，如门户首页，经常忽略门户的频道页；而社交营销则与此相反，相较于大 IP 来说，某细分领域的博主、某媒体的社区频道更能吸引他们的注意。

其次，流量思维关注的重点多在行动按钮和表单方面，内容塑造经常被忽略；而行动按钮与表单则不在社交营销的关注范围内，社交营销将主要精力放在了内容塑造方面，希望构建出能引发共鸣，形成互动的内容。

对流量思维与社交营销之间的区别进行更深入挖掘可以发现，流量思维的关注重点在"有多少用户看到了我"，而社交营销关注的重点为"有多少用户认可我"。从这个角度来说，企业在微信大号上投放软文的做法仍属于流量思维，新世相"逃离北上广"的策划才真正地属于社交营销。

在早期的网络营销中，有很多企业凭借流量思维获取了成功，为什么在现今环境下"广而告之"的流量思维失效了呢?

其根本原因在于,用户获取信息的能力增强了,获取信息的方式增多了,对网络广告的信任度减弱了。相较于广告推广的品牌而言,个性化的品牌、朋友分享的品牌更能吸引用户的注意力。传统广告逐渐失去了用户的信任,那些在社交媒体参与互动的品牌所获取的信任却越来越高。所以,企业要对社交媒体进行优化使用,借助有趣的帖子、内容与用户进行积极互动,以塑造高信任度的品牌,塑造个性化的品牌。

由此可见,在流量思维失效的情况下,只有重视内容与互动才能取得成功。因为只有将内容与互动放在首位,才能重新构建用户信任,吸引用户注意力,让营销活动取得成功。

二、内容崛起,引爆社交圈的新型营销

(一)用户获取信息的方式发生重大转变

在互联网时代,用户主要通过搜索引擎来获取信息。企业为了进行营销推广,在搜索引擎中设置关键词,向平台方购买广告位,争取自己的营销内容有较高的曝光量,以便目标群体能够看到广告并点击链接,最终达成交易。在这种模式中,流量越高的平台收取的广告费就会越高,整个流程首先是曝光,目标群体点击,其次感兴趣的人会进行注册,部分用户最后真正购买。

虽然人们也能够在搜索引擎上"主动搜索"感兴趣的信息,但这些信息的呈现方式、页面布局、排列顺序等是由网站编辑决定的。比如,网民在百度上搜索某种产品,输入关键词后,搜索结果是由商家支付的广告费数额决定的,哪些是广告、哪些是有价值的内容,普通人很难分辨出来。

在这种营销模式下,越来越多的商家发现自己花费大量资金购买广告位的营销效果越来越差。电商从业者在这一方面的体会尤为深刻,不断下滑的转化率让他们感到手足无措。

进入移动互联网时代后,信息规模呈几何倍数增长,大量的信息同时呈现在用户面前。此时如果再让目标群体自己寻找营销内容,他们无疑需要付出极高的时间成本,显然会造成用户体验下滑,很难让商家取得预期的营销效果。

而借助大数据、云计算等新一代信息技术,商家可以根据用户以前浏览的内容以及正在浏览的内容,分析用户下一阶段想要看到的内容,从而进行实时定制推广,在提升用户体验的同时,也能提高转化率。

(二)内容营销成为电商关注的重点

内容营销是通过文字、图片、音频、视频等载体向用户传达企业的品牌价值信息,进而提升产品销量。企业进行内容营销的主要渠道有微博、微信等自媒体平台,优酷、搜狐、爱奇艺等视频网站,抖音、快手、小红书等直播平台。

门户网站地位日渐衰落,能够让人们实时交互的社交媒体、视频网站、直播平台等内容平台拥有了极高的话语权,而且这些平台中的大部分内容并非由平台方生产的,而是由用户主动上传、分享而来的。以前为了做内容需要建设网站,招募网站编辑、维护人员等,而如今,只要有一部智能手机就可以成为内容生产者,内容生产成本大幅降低。

在这种情况下,电商所采用的营销推广方式也发生了重大改变。商家买广告位的营销模式已经很难再获取较高的用户转化率,通过优质内容进行推广营销的方式获得了商家的一致认可。通过运用大数据技术,商家能够分析出目标群体感兴趣的信息,然后将自己的产品或者服务融入信息中向用户进行实时推广,不仅可以实现营销目的,还给用户带来良好的阅读体验。需要注意的是,在内容消费需求不断升级的背景下,人们对硬性广告有着强烈的排斥心理,将商品与故事巧妙结合的软文广告远比硬性推广的效果好得多。人们希望在消费时,商家能提供有营养、有价值的参考性建议,而不是单纯地为了推销自己的商品而以胁迫式的口吻让人们购买。在决定购买的过程中,人们会通过各种渠道来了解相关信息,对比多个品牌的产品及服务,而能否掌握用户的真正需求,并在营销内容方面做出相应的调整,就显得十分关键。

以前人们在网购时,通常会打开淘宝、天猫、京东等电商平台,然后根据自己想要购买的产品品类进行筛选,而电商平台也是基于这些分类方式对海量的商品进行划分,以便消费者能够快速找到符合他们需求的商品。在电商平台的排列位置越靠前,达成交易的机会也就越大。如今人们在微信、微博、贴吧、论坛等平台上看到其他用户推荐的商品后,可能就会直接点击链接或者扫描二维码在线下单。在搜索商品时,人们会按照风格对商品进行划分,如小清新、复古风等。这说明人们的需求心理已经发生变化,在购物过程中,会寻找那些符合自己调性的产品。所以,我们看到那些有着明确风格与调性的小而美产品,很容易在激烈的市场竞争中成功突围,因为这类产品在营销过程中很容易引发有同类需求群体的情感共鸣,进而收获大批忠实粉丝。

三、创业公司进行有效内容营销的策略

随着国内以 BAT(百度、阿里巴巴、腾讯)为首的互联网巨头规模不断扩大,它们各自的生态系统日渐完善,流量也会越发集中。社交领域的 QQ、微信与微博,搜索领域的百度、360 与搜狗,电商领域的淘宝、天猫、拼多多与京东,游戏领域的腾讯与网易等,各行业巨大的市场流量被巨头瓜分殆尽。

流量对创业者的价值是不言而喻的,随着流量成本越来越高,能否抢占足够的流量并对用户群体进行高效运营,直接关系到一家创业企业能否在激烈的市场竞争中存活下来。靠烧钱维持客流的玩法,在投资方眼中的价值越来越低,而那些能够吸引大量用户关注的创业公司则成为投资方投资的热门。

据公布的数据显示,在应用市场中,软件运营商让一名用户下载安装 App 应用的推广成本超过了 20 元,而电商平台与互联网金融平台的获客成本甚至达到了 150 元以上。鲜有创业公司能够承担如此之高的成本。所以,创业公司想要存活

下来最为关键的就是能够发掘新流量。

创造出具有较高价值的病毒式营销内容,利用明星及网络名人等自带流量的群体在微信、微博、贴吧、论坛等网民集中的区域进行传播,很容易为品牌商带来极高的流量。

曾经被视作移动互联网重要流量入口之一的应用商店之所以会陷入发展困境,除了其较高的成本,无法沉淀忠实用户也是一大重要因素。用户在应用商店内搜索并下载安装应用的过程中,很难对应用商店产生情感依赖,更不用说能够沉淀出忠实用户。

而在新媒体时代,微信、微博、今日头条等承载内容的平台拥有上亿级用户群体,那些自媒体人代替网站站长创造内容并积累用户流量,而内容平台则负责流量分发。和互联网时代存在较大差异的是,自媒体人的个性化特征更为明显,媒体与用户之间的互动形式及内容更为丰富,所以,内容平台的传播价值将更为巨大,转化率也得到有效提升。这种互动式营销将会成为未来企业引流的主流形式之一。

内容营销最为显著的特点就是通过对目标群体的精准定位,根据目标群体的需求及习惯定制个性化内容。这并不是像传统商家一般对消费者进行狂轰滥炸,而是引发目标群体情感共鸣来吸引其共同参与。比如,在优质内容中以软文的形式植入广告,由于粉丝对文章内容的认可及对意见领袖的喜爱,他们通常会主动参与到营销内容的推广之中,并向自己的亲朋好友进行推荐,从而实现口碑传播,造就一些在朋友圈内刷屏的爆款。

不过,内容营销自身也在发生重大调整。以前的内容营销主要强调内容本身及传播,如今内容营销对技术基础同样提出了极高的要求。企业可以在营销过程中充分借助大数据分析、云计算、移动互联网等新一代技术,从而实现对目标群体用户画像的精准描绘及定制营销,如果没有这些技术基础,根本不可能取得如此巨大的成功。

所以,内容营销的专业性、系统化等特征会日益突出,那些利用"编纂""刷量"等行为来进行营销的传播方式将被淘汰,最终真正被用户所信任并认可的,必定是那些能够做到将内容质量与技术应用有效结合的内容营销方式。

第二节 内容营销重构企业品牌核心优势

一、内容为王,打造品牌无形资产

各个时代都有内容存在,只是时代不同,内容不同罢了。但这些内容有一个共同点,那就是为不同时代下生活的人服务。无论是报纸、杂志、图书时代的文本阅读,电视时代的视听节目,还是互联网时代的社交媒体,抑或是 AR、VR 及未来智能家居应用等都是如此。

随着内容载体越多元化,内容的形式与用户观看内容的方法也愈加多样化。在这种情况下,对媒体企业与品牌商家来说,如何生产优质的内容满足消费者多元化的消费需求是共同面临的难题。

针对 C 端(消费者端)的内容服务是在用户娱乐需求无限延伸的条件下诞生的。对于传统媒体与新媒体公司来说,其最主要的业务就是对内容产品进行创新,赋予其娱乐大众的功能,将其出售给用户或者商家,以收视率或者点击率来刺激内容不断迭代更新。

针对 B 端(商户端)的内容营销是在企业品牌延伸的需求下诞生的。这种内容营销主要为企业或品牌服务,其目的是吸引顾客、留住顾客以促进产品销售。

无论是针对 C 端的内容服务,还是针对 B 端的内容营销,其目的都是吸引顾客的注意力,增强顾客的忠诚度。两者最大的不同在于:内容服务提供的是注意力价值,内容营销提供的是品牌与顾客之间的互动价值。

一般来说,内容服务公司的商业逻辑是:以优质的内容吸引 C 端的消费者,增强流量—将流量出售给 B 端的企业—企业与用户产生交易,获得回报。这种模式是所有新旧媒体公司常用的模式。

但随着新媒体时代的到来,信息逐渐碎片化,上述模式所产生的营销效果逐渐下降,所消耗的成本逐渐提升,将外部营销转向内部营销的企业越来越多。对中小企业来说,借助官网、广告、宣传片、线上社区、网络直播、线下活动等媒介开展营销已成为必修课。通过这种方式,企业能借助自身媒体渠道制作不同的内容,引导用户参与,生成销售成果。通过对企业内外渠道与社交媒体资源的整合,不仅可以帮企业节省大量付费媒体成本,还能提升营销效果。

对于内容营销来说,最核心的工作就是以员工需求、客户需求、企业服务为核心创造品牌故事,如国外流传的苹果公司的创业故事,国内张瑞敏砸冰箱的故事、王健林先赚 1 亿元的故事等。这些故事都非常吸引用户的注意力,用户也乐于对其进行分享、传播,这些都是免费的口碑宣传。

除免费的口碑传播外,企业也可以通过资源互换或灵活运用付费媒体的方法将品牌营销内容传递给用户,以品牌为基础组建用户群。

内容营销需要借助开放式的思维才能实现,在这个万物皆媒体的时代,单纯的媒体将逐渐消失,无论是平台、路径,还是入口、消费者接触点,都需要大量内容进行运营。由此可见,产品广告、促销广告并不能为企业带来长远价值,真正能给企业带来长远价值的是企业本身所具有的强大的内容营销力。只有不断地输出内容,企业才能获取诸多无形资产,才能实现长远发展。

二、增加流量、建立信任、提升转化率

(一)增加流量

增加流量是很多企业采用内容营销模式的重要目的。为了达到这个目的,内容生产者应该聚焦于标题制作,围绕时下人们关注的热点话题创作内容,与公众人

物合作进行内容推广,利用网络渠道进行大范围的信息扩散,并使读者能够在简单操作的基础上实现内容转载。

"增加流量"的含义比较笼统,对营销者来说,要增加流量,就要吸引用户的注意力。因此,在具体实践过程中,营销者不应该局限于获得潜在消费者的关注,还应当拓宽受众范围,使广大用户都能接收到自己传达的信息。有些营销者通过在社区平台推送文章来扩大用户覆盖范围,这么做就是因为社区平台拥有广泛的用户基础,能够最大限度地进行信息扩散。

尽管此类营销方式难以实现针对性营销,但不能因此断言该营销方式的价值量不够高。这种营销方式能够使信息传递给尽可能多的用户。营销方的内容输出得到的关注度越高,对其产品有切实需求的用户聚焦于此的可能性就越大,运营方便可就此类用户进行价值挖掘。

值得关注的一点是,流量变动会受到诸多因素的影响,其变动在很多情况下是没有固定规律可循的。举例来说,品牌方的某篇推广文章被活跃于网络平台的关键意见领袖看中并转发,或其内容输出在某个时间段引起广大用户的情感共鸣,得到人们的认可与自发传播。此时,营销者所在的网络平台会在短时间内实现流量大规模增加,即便如此,也不代表该平台的流量规模会一直保持现有的状态。

所以,在收集流量数据时,比较科学的方法是取平均值来分析。当营销人员完成数据收集及分析工作后发现,经过一段时间的运营,平台的流量平均值呈上升趋势,在一定程度上说明其运营取得了较为理想的效果。因此,当短时间内流量大规模提高时,不应过于乐观;如果短时间内流量下滑,也不要从此一蹶不振。只有长时间的流量变化才能有效说明问题。

(二)建立信任

从宏观发展角度来分析,仅仅通过内容输出实现销量增加是不够的,还要获得用户的信任,体现自身的存在感。具体而言,当品牌方与其用户形成良好关系并得以长期维持时,除了能够增强用户的黏度,还能对相关的人产生影响。受众会将自己认可的产品向亲朋好友推荐,这种推广方式更容易获得其他人的认可与信赖。

内容营销的最终效果可以通过注册或内容点击量进行数据统计,但品牌方与用户之间的关系无法精确计算。也就是说,企业通过内容营销与用户之间建立的关系并不是直观的,但营销者需认识到其价值所在。另外,营销者可参照如下因素来衡量两者之间的关系:社交平台的粉丝数量、网络平台的信息发布中涉及自身产品的次数、回访用户人数等,这些因素能够反映出消费者对产品的接受度。

为了在品牌方与用户之间建立良好的关系,在实施内容营销的过程中,要更加注重内容质量,而不是盲目进行批量化内容输出。这样才能为用户提供优质内容,帮助其解决问题。很多企业在开展内容营销的初期,难以创作出优质内容,便将注意力转移到内容数量上,但其输出的内容存在严重的同质化问题。

作为营销者应该明白,同质化内容输出无法增进品牌与用户之间的联系,还有可能给品牌形象带来不利影响,导致用户流失。为此,营销人员必须保证内容的质量,若在短时间内缺乏高品质内容,也要理性处理,而不是盲目输出低质内容。

(三)提高转化率

增加流量、建立存在感和信任感、提高转化率是内容营销的三大目的。其中,最具体的当属提高转化率。这具体表现为营销者促使用户购买产品、注册应用、订阅内容等。要促使用户转化,就要不断完善产品购买或应用注册程序。

从整个营销优化过程来看,提高转化率只是个阶段性目标,内容营销则需要经历漫长的过程。这种营销方式旨在帮助企业沉淀高质量用户,短时间内可能没有那么明显的效果,因而,企业在选择内容营销时需谨慎考虑。

若企业想通过内容营销来提高转化率,在具体实施过程中,不能忽视以下几个问题:着重表现当前客户对自身产品及品牌的认同,及时统计并分析转化数据,优化用户界面,精简交易流程。此类推广方式类似软文营销,看似是进行内容输出,实则是向用户推销。

　　企业要根据自己的发展需求选择相应的内容营销方式,在实施过程中,也可以将各类营销方式结合起来。不过,营销者需确立核心营销方式,并以此为参照制定内容战略。再者,采用内容营销方式的企业,应该实时进行数据统计与分析,对营销成效进行科学评估。

三、正确认识内容营销的商业逻辑

　　近几年,"内容营销"受到营销领域众多企业及个人的追捧与青睐。虽然到目前为止,还无法准确评估内容营销的市场规模,内容营销的具体形式及渠道类型也尚无确切的数据表述,但调查发现,在新媒体时代,选择内容营销模式的企业数量正在持续上升。调查结果表明,选择内容营销的人数比重要超过大数据、营销自动化及移动营销。不仅如此,以往人们关注度较高的付费搜索营销、搜索引擎优化及社交媒体营销如今都远远落后于内容营销。

　　目前,内容营销模式已经广泛应用于企业当中,几乎成为营销人员的标配,只是不同发展阶段的企业呈现出来的具体形式有所区别。所以,在认识到内容营销重要性的基础上,企业应该集中精力关注在具体实施过程中,需要采用何种方式进行信息推广,如何才能与消费者保持顺畅的沟通关系。

　　对于品牌商或广告主而言,要想成功实施内容营销策略,首先需要正确了解内容营销背后的商业逻辑:

(一)成本消耗与最终成效对比

　　营销人员都知道,内容决定一切。不少商家将内容营销视为最有效的营销手段,但在具体执行过程中,90％以上的销售人员认为,其成效评估机制还有待完善。与我国相比,西方发达国家的内容营销经历的发展时间更长。虽然有意在内容营销方面投入更多成本的营销者不在少数,但真正能够通过内容营销获得理想效果的人并不多。

从根本层面上来分析,内容营销与其他营销方式是存在共性的,在实施过程中,二者都是以营销者对消费者的了解为核心。除了要进行内容传播,营销者还需明确消费者能够从内容传播中获得哪些益处,运营方如何与消费者对接,并以此为参考来判定内容营销的成效。

所谓"内容营销",即在生产并输出优质内容后,能够引发潜在目标用户的关注,并将其汇聚到自己的平台上,目的是挖掘用户的商业价值,增加企业的利润所得。所以,内容营销是围绕目标用户的需求来开展的。能够与用户需求相匹配,并使企业从中获利的内容营销即为成功的营销实践。

(二)大规模内容生产与高品质内容对比

身处数字时代,信息泛滥已成常态现象,作为营销人员来说,只有推出与用户需求相匹配的内容,才能使自己从众多同类竞争者中脱颖而出。为此,要建立专业的内容制作团队,在收集高质量素材的基础上,生产出能够获得用户关注及认可的高品质内容。

对于广告内容与营销内容,消费者能够做出清楚的划分,因此能够得到消费者认可的,必定是那些与品牌特质相符、具有足够吸引力的内容。另外,为了避免因内容夸大其词导致消费者排斥,要保证营销内容的客观性。

比如,影视公司出产的电影、电视剧作品,从内容营销的角度来分析,作品制作、演员出演、剧情演绎、品牌植入等各个环节缺一不可,这些也是构成营销价值评估体系的重要板块。为了保证作品质量及营销效果,所有环节都不能偷工减料,而是要认真对待,保证品质,并实现各个环节之间的有效连接。在注重内容质量的基础上,如果能够围绕当前的热点话题进行内容生产,能够从心理层面打动消费者,就能进一步提高内容营销的价值。

(三)完全照搬与内容创新对比

近年来,国内综艺节目制作方开始聚焦于引进海外国家的运营方式,部分节目无疑在国内市场大获成功,但大部分仍然未取得理想效果,还有一些节目在初期受到高度追捧,但后期发展呈现衰落趋势。除了面对激烈的市场竞争,内容固守传统也是其陷入发展困境的重要原因。

由于我国媒体平台的运营方式与观众的内容消费习惯不同于其他国家,对于外来的节目,需要在把握国内观众的兴趣点、制作方及媒体的内容输出方向、表达形式的基础上对节目进行相应调整。新颖的表达形式无法在长时间内聚集用户的目光,为了得到用户的长期追捧,必须在内容方面进行超越。

(四)专业创造内容(PGC)与用户创造内容(UGC)对比

对于采用内容营销模式的企业而言,内容生产必不可少。为了凸显自身的竞争优势,企业须保证生产出来的内容能够得到用户关注,并与用户需求相对接,这样才有可能从同类竞争者中脱颖而出,成为人们关注的焦点。那么,内容生产的工作应该由谁来承担呢? 是企业、代理公司、媒体平台、用户本身,还是专业写手?

从产品及品牌掌握度上来说,企业具有明显优势;而对消费特征及习惯最熟悉的,莫过于消费者自身;代理公司则在企业与消费者之间搭建起沟通的桥梁,能够协调双方的不同需求;在内容生产及传播过程中,意见领袖能够为内容制作及演变提供灵感,并对其舆论方向产生引导作用。由此可见,在很多情况下,内容生产是在不同主体的共同参与下完成的。

无论是哪种形式的营销,从根本上来说,都是围绕消费者需求来进行的,内容营销也不例外。因此,营销者应该明确消费者的关注点,并据此进行内容制作与传播。在这个过程中,可以尝试让消费者参与到内容生产环节中,为其提供发展机会,为其交流沟通及信息推广提供支持。未来,越来越多的企业会将用户创造内容(UGC)作为推动自身发展的关键助力。

四、企业制定内容营销的策略方法

现阶段,基础性内容营销手段包括两类:一类是把品牌(企业)植入优质内容里;另一类是通过媒体平台传播品牌(企业)独立生产的内容,但这两类营销方式需要结合发展。具体而言,存在于媒体平台的优质内容仅以硬广告插入、冠名赞助等方式难以实现与品牌的结合,为了解决这个问题,需要与媒体平台合作,联系热点话题进行活动。另外,品牌独立生产的内容在传播过程中也要联系社会热点,通过媒体平台进行推广。

如今,媒体发展水平不断提高,媒体数量也持续增加。在这种大趋势下,众多媒体开始聚焦于垂直领域,如此一来,媒体平台就必须与其他平台合作,否则很难体现出较高的价值。相比之下,内容及其呈现方式则受到企业的重视。受到媒体细分的影响,企业为了实现品牌信息、价值理念的精准推广,更倾向与那些能够跟目标消费者进行有效交流的媒体平台达成合作关系,输出能够打动用户的内容,将品牌故事推广给目标消费者。为了保证内容营销的顺利开展,营销公司要承担起资源整合的职责。

(一)通过评估体系实现针对性营销

实现品牌信息与热点话题的融合之前,要找到相匹配的热点内容,为此应该立足于不同层面对内容价值及其匹配度进行评估。

具体而言,内容营销的评估体系主要围绕以下几个方面:

1. 品牌认知度

在考核品牌知名度时,营销人员需要统计以下几个指标:

(1)搜索结果页面排名。一般来说,搜索结果页面排名主要是根据品牌网站和关键词的匹配度。网民在社交媒体中对网站的评论、分享及停留时间等数据都会影响排名结果。

(2)首次访问游客。

(3)粉丝规模、用户参与等社会化指标。

2. 目标群体需求

评估目标群体需求时,较为有效的考核指标包括以下几种:

(1)网站浏览量。

(2)页面跳出率。

(3)评论尤其是正面评论量。

(4)用户平均停留时间。

3. 客户转化率

企业对客户转化率数据十分重视,尤其当营销目标是提高产品销量,或增加付费用户数这种价值变现类的商业目的时,客户转化率直接决定了内容营销能够给企业创造的利润。对客户转化率进行评估时,可以考核以下几种数据:

(1)销售转化率。

(2)目标群体购买力。

(3)目标群体在社交媒体中的评论、分享。

(4)分析付费用户和普通用户的行为差异。

(二)关注时事热点,做出及时反应

营销人员应该关注时事热点,并就热点话题与目标受众进行沟通交流,为此品牌方应该提高追寻热点并做出及时反应的能力。

(三)批量化生产个性化内容

通常情况下,企业无法掌控热点内容何时会产生,但对于独立的内容生产,企业能够根据自己的需求进行制作与推广,因而受到诸多用户的青睐。例如,某些体育场馆安装了智能摄像头,能够自动捕捉运动员的身影,以视频形式记录下来,用户可将精彩的比赛视频通过社交平台呈现给好友。可见,对于个性化的优质内容,用户乐于进行传播与分享,品牌方也可借此实现信息推广。

（四）促进内容的用户转化

企业采用自制内容及媒体平台的内容进行营销时都要注意：要采取有效措施，使受众在关注内容本身的基础上，将目光移至产品及品牌，并促成双方之间的交易。为了提高用户转化率，营销者应该对整个营销过程经历的各个环节都有所了解，找到能够促进用户转化的相关因素，并灵活运用到营销过程中。

（五）制订完善的内容营销规划

在多数品牌方看来，制订媒体计划时仅考虑内容营销规划即可，部分曾通过传统媒体取得良好效果的企业更坚信这一点。但事实上，由于高效的内容营销离不开整合营销，在制定全局性的市场营销策略或者出台沟通策略时，就应该与内容营销部门进行互动。如果是面向消费者个体的产品，在营销过程中需注意，销售线索及与用户达成交易的机会可能存在于内容传播过程的各个环节当中。

综上所述，无论是营销者还是媒体平台，在运营过程中，都不能将自己简单视为中间执行者，而是应该在分析客户信息的基础上，把握其实际需求，推出能够满足其需求、与当下热点话题相结合的营销方案。方案实施可以围绕人们喜欢的影视作品、体育运动或者是明星偶像等，并以此为前提形成完整的营销事件，在获得核心目标用户认可之后，继续扩大其辐射范围，并将影视、体育等元素融入整个营销过程。

立足宏观层面来分析，内容营销体现在企业及广告代理公司的各类运营活动中。不同于以往，现在的社会发展情况、推广途径、目标受众的消费行为及特征都呈现出全新的特点，随之而来的是内容营销形式、营销工具及营销策略等都已经脱离了传统模式。不过，从根本上来说，处于核心地位的始终是消费者。为了获得消费者的青睐，使其与品牌产生深度互动，最终完成双方的交易，必须明确消费者的需求及其关注点。

无论是企业还是代理公司，要实现内容营销的最大化，就要下决心改革传统的部门分工情况。很多企业的市场部仍然保留之前的结构组成,以传统媒体、新媒体、活动策划及执行部门为主导,但这样的分工模式已经跟不上时代发展的需求了。从整合营销的角度出发,应该打破不同部门间的分隔状态。因此,企业需持续关注组织结构的改革问题,并加快自身运转,以应对外界变化,跟上时代发展的步伐。

第三节 实现"内容即产品,体验即营销"

一、产品升级:消费升级下的产品重塑

在各大权威机构发布的消费群体研究报告中,"消费升级"成为热点词汇。不过,消费升级并非近两年才出现的新概念,随着经济的发展与人们收入的提升等,每隔一段时间就会出现一次消费升级。

学术界并未给消费升级一个明确的定义,不过在有"现代营销学之父"之称的菲利普·科特勒(Philip Kotler)出版的著作《市场营销》中提出的"产品的三个层次",则能让我们对消费升级有一个清晰的认识:产品开发人员需要重点关注产品及服务的三个层次,其中的每一个层次都能有效提升顾客价值。位于基础层的是顾客核心价值;中间层的是产品开发人员基于产品的核心价值来塑造出一个实体产品;最高层的则是产品开发人员基于产品核心价值与实体产品来扩展产品,从而为客户提供配套产品及增值服务等。

目前,消费升级是以产品最高层次的扩展产品为主。换句话说,就是人们在购物过程中,十分注重与产品相关的售后服务及配套产品。事实上,消费升级针对的就是将产品的这三个层次进行升级。

（一）核心顾客价值

"核心顾客价值"需要考虑消费者购买这款产品的核心因素。产品开发人员在设计开发产品时,需要了解消费者重点关注的核心诉求。同为购买酸奶的消费者,有的人喜欢酸奶的味道,有的人则是因为喝酸奶有益健康,还有的人是为了减肥。显然,这几种消费者对酸奶的核心诉求是有所不同的。

在消费升级的背景下,顾客核心价值在不断发生变化。比如,20世纪80年代,人们对自行车有极高的需求,为什么呢?因为在当时的社会背景下,自行车是一种性价比极高的出行工具,能够很好地满足人们的出行需求。

如今,自行车在一线城市又重新流行起来,但自行车的核心价值却发生了变化,人们的核心诉求不再是出行,而是升级为一种健康环保的生活方式。美国心理学家亚伯拉罕·马斯洛(Abraham Maslow)提出的马斯洛需求层次理论也能够很好地解释这种现象:随着经济的不断发展与物质基础的日渐丰富,人们重点关注的需求会从饥饿、取暖等最为基本的生理需求逐渐向实现人生价值等高层次的自我实现需求转变。

（二）实体产品

在了解了消费者对产品核心诉求的转变后,产品开发人员在开发实体产品时,自然会做出相应的调整。比如,目前人们对自行车产品关注的焦点不再是其耐用性,而是外观设计是否能够展示自己的个性,所以自行车商家的产品开发人员会倾向于设计出多种款式的自行车,从而迎合人们的个性化需求,而不是像20世纪80年代一般,所有的自行车都像是从一个模子复制出来的同质化商品。

（三）扩展产品

基于自行车,商家可以扩展出很多配套产品,如头盔、服装、头巾、音响及水壶等。此外,与自行车相关的体验性产品同样受到很多消费者的青睐,如同旅游杂志一般的高品质骑行规范手册、骑行训练营及针对骑行爱好者的线上社区等。

对消费升级的产品的三个层次有了充分的了解后,我们便很容易理解消费升级和购买价格更高的产品之间并没有直接的关联,而企业要做的是将自身的精力转移到为广大消费者创造更具性价比的优质产品方面,并且要通过扩展产品让用户获得更为良好的服务体验。

二、内容升级:打造内容型产品

(一)自产 IP

我们知道,在产品的三个层次中,基础层是核心顾客价值,有些人可能会有疑问:为什么要加上"核心"呢?这是因为顾客价值十分多元化。从马斯洛需求层次理论中我们也能够知道,在最为基本的生理需求与最高层次的自我实现需求之间存在各种类型的顾客价值,而核心顾客价值则是对用户最为重要的、最能影响其消费决策的。

如今的消费对于个性化、娱乐性及自我表达的需求尤为强烈,那么品牌商应该如何对接这些需求,并激发目标群体的购买欲呢?最为有效的方式就是实施内容营销,可以说,内容营销是消费需求升级背景下,以用户需求为核心的最为有效的营销方式。

自产 IP 强调企业输出高品质的内容产品,并将其打造成为 IP。有些品牌商认为自产 IP 就是简单地制作系列短视频或微电影,但真实的情况并非如此,IP 和内容之间并不能画等号。支撑 IP 的是情感,而内容则是它的主要载体。

(二)产品内容化

产品内容化的主要实现方式就是在产品中植入内容。事实上,这并不是什么新鲜事,很多公司在招募产品经理时往往会重点考察竞聘人员的这项技能。实践中,品牌商产品内容化的主要方式就是产品包装,即让最先被消费者所了解的产品包装成为吸引消费者的内容。

（三）增强内容体验

在扩展产品层面上，内容营销强调消费者的体验感，从而激发他们的想象力与购买欲。以全球化妆品巨头欧莱雅为例，欧莱雅内部有一个专门生产优质内容的"内容工厂"，其主要任务是为欧莱雅旗下的契尔氏、美宝莲等品牌提供实时的高品质共享内容，如美妆视频等。

近两年，十分火热的视频直播使品牌商的"内容体验"更具想象空间。品牌商借助直播，能够有效增强产品的内容体验。未来一段时间内，直播仍将处于快速增长期，但是在网络主播同质化问题日益严重的背景下，品牌商在选择直播合作伙伴时需要投入更多的资源与精力。此外，让消费者参与内容生产是一种提升内容体验的有效方式，不过这需要品牌商具备强大的粉丝运营能力。

第五章　互联网时代新媒体的营销策略

第一节　新媒体营销的含义及特点

美国市场营销协会给市场营销下的定义是:市场营销是在创造、沟通、传播和交换产品中,为顾客、客户、合作伙伴以及整个社会带来价值的一系列活动、过程和体系。随着新技术和新产业的发展,营销的环境也变得更加复杂。新媒体的强势涌现打破了传统的营销模式,使其在技术手段、形式、规模上都有了进步,新媒体营销是一种创新的营销方式、营销手段,拥有相当丰富的内涵。新媒体营销在两个方面与传统营销相比有所创新:一个是创新的内容,另一个是用新技术、新方法对内容加以呈现。本书认为新媒体营销是:在创造、沟通、传播和交换产品中,基于互联网等新技术,通过借助包括社区网络、微博、微信、社交网络、网络视频、博客等平台为顾客、客户、合作伙伴以及整个社会带来价值的一系列活动、过程和体系。

新媒体营销与传统营销相比,其特点主要有以下 4 点。

一、营销形式灵活

运用多元化的新媒体工具,企业可以进行诸如公关、广告、促销、品牌维护等多种活动。在方式选择上更为自由多样,突破了传统媒体的时空限制和形式约束。应用新媒体技术,消费者可以轻松地在家购物。实现了真正意义上的足不出户便可购物的理想。无论是山区或偏远地区,只要是有互联网的地方就有市场。

二、强调营销过程的互动性

运用新媒体可以自由便捷地与消费者开展互动,商家发布出的产品信息,通过沟通可以掌握客户的需求和客户反馈的商品信息,推动商家服务质量的提升,达到商家与客户直接交流的营销模式,商家在获取更全面信息的同时更好地了解客户需求,从而掌握市场发展动向,为决策的制定和执行提供有力支持。

三、营销内容创新性强

在"大众创业、万众创新"的新时代,新媒体带来的创新、创意无处不在,不仅可以通过传统的方式进行宣传,还可以通过社区网络、微博、微信、社交网络、网络视频、博客等平台实现良好的营销效果。

四、营销成本相对较低

无论是传统媒体还是新媒体都存在必要的营销成本,而新媒体营销由于技术手段的飞速发展往往能够用"小钱"办"大事",并且手机等电子通信设备的广泛使用使得人人都是自媒体。新媒体营销模式实现了生产者与消费者间的直接交流,减少了传统模式中烦琐的中间环节,也在很大程度上减少了消费者的消费成本。消费者可以在网购中享受物美价廉的购物体验。

企业在经营目标的确定和市场细分的前提下,对新旧营销方式进行整合,追求以最低的投入获得最佳的营销效果。这种整合就是以满足消费者需求为基础,实现消费者与企业的双向营销,挖掘消费者的潜在需求,为企业经营找到新出路,进而实现企业目标。

第二节　传统的 XPS 新媒体营销组合策略

一、新媒体 4Ps 营销组合策略

4Ps 的核心思想是：综合运用企业可以控制的营销策略，实现最优化组合。4Ps 可以概括为 4 大基本类型，产品（Product）、价格（Price）、渠道（Place）促销（Promotion），再上策略（Strategy），即著名的 4Ps。产品是指企业提供给目标市场的商品和劳务的集合体，包括产品的效用、质量、外观、样式、品牌、包装、规格、服务和保证等。价格是指企业出售商品和劳务的经济回报，包括价目表所列价格（List Price）、折扣（Discount）、折让（Allowance）、支付方式、支付期限和信用条件等。渠道是指企业使其产品可进入目标市场所进行的路径选择活动，包括商品流通的途径、环节、场所、仓储和运输等。促销指企业利用各种信息载体与目标市场进行沟通的多元化活动，包括广告、人员推销、营销推广、公共关系等。虽然后来演化出6Ps、7Ps 等，但是 4Ps 还是作为市场营销策略的最重要的理论之一，具有不可撼动的地位。

（一）产品策略

在现实生活中，以消费者为中心的口号喊了很多年，但是消费者的被动地位并没有多大改变，其中一个重要的因素是消费者可以利用什么渠道参与到企业产品营销的全过程中。新媒体的诞生，使消费者参与和影响企业产品与服务的程度得到了很大的提高。消费者提出个性化需求，企业分析其可行性，然后进行设计和开发，在这里，新媒体时代的产品策略被称为生产和消费的联结。

在这个过程中产品概念在发生变化。在产品的概念中，第一层是核心利益，第二层是产品实体。在产品实体之上加入新的一层"期望产品"。期望产品可以理解为消费者期望的产品能够为他们带来的个性化价值，是除消费者希望得到的核心利益外的能满足消费者个性化需求的价值总称。消费者的个性化需求目前处在一种极为丰富的状态,不同消费者对同一产品的期望赋予了个性化的色彩。不同细分市场上的每个消费者所追求的价值又不相同。新媒体时代的市场不再是卖方市场而是买方市场。在这里消费者占主导地位,既然如此,企业在新形势下获取竞争优势的必要手段就是尽可能地细致入微地提供个性化的产品。第四层是衍生产品,在此基础上增加一层潜在产品层。指的是基于之前四层,在满足消费者以上需求的前提下,开发出消费者未来可能会产生需求的产品。潜在产品和衍生产品的区别在于后一层不能先于前一层出现,类似于双因素理论中的保健因素与激励因素的关系,在衍生产品层的需求没有得到满足时,就算产品满足了潜在产品层的需求也不能使消费者感到满足,但如果在满足衍生产品层的需求后满足潜在产品层的需求,会使消费者的满足感大增。此时,消费者的忠诚度和对产品的满意度都会得到极大提高。潜在产品的开发对企业来说是一个全新而重要的课题。

在新产品开发上,互联网的产生彻底改变了传统营销中的信息不对称性,消费者可以实时查看物流信息,实时与网络客服联系,实时了解到店铺的最新动态等。在新产品的设计开发中,企业可以针对线上线下的不同消费需求制定不同的产品策略。对线上线下分别进行市场调查预测,全面了解企业客户的消费需求。可以针对线上线下的不同需求,分别设计线上专供和线下专供产品,以最大限度地满足消费者的不同需求。除此之外,有一个与传统的产品开发不同的是虚拟产品的开发。虚拟产品的开发是指以数字化技术为基础,应用数字模型代替物理原型,通过计算机对产品的可制造性、可装配性以及环境的适应性等方面进行测试,以缩短开发时间,降低开发成本,加快新产品投放市场的整体速度。虚拟产品开发技术(VPD)是数字化虚拟产品开发的最新进展。它的原理是:借助虚拟现实装置,创造虚拟环境,方便设计者多方位、多角度地观察被设计对象,便于对产品整体和各部分内容进行完善。这种技术完全建立在计算机技术之上。在计算机的虚拟环境中不断进行着"设计—分析—再设计"的循环,真正实现空间分离的产品开发。另一个优点是,这种技术对企业的创新力有极大的提升作用,并且对各种成本的节约都有利。VPD 技术是新媒体时代的一项伟大发明和进步,其应用范围非常广泛,为各个产业带来了巨大的经济效益。

(二)价格策略

价格是影响消费者购买能力和购买欲望的最直接因素,因此价格策略是市场营销策略中的重要组成部分。新媒体营销策略中同样重视价格策略的应用。

1. 个性化定价策略

在互联网快速发展之前的很长一段时间里,人们的个性化需求较少且企业提供的个性化需求成本较高。但随着新媒体技术的发展,人们研究开发出很多辅助软件,这些辅助软件可以用来针对客户需求提供个性化设计并进行合理定价,相较以前的定价成本要低很多。目前的网络消费者数量与日俱增,伴随而来的就是消费者需求变化多端,并且可供消费者选择的商品种类极多,因此企业必须能够提供个性化的服务和产品以吸引更多消费者,且针对个性化的产品制定与之匹配的价格。

2. 折扣定价策略

这种策略是指针对不同折扣条件,比如数量、功能、季节实行价格折扣。其中,数量折扣定价策略是针对购买数量大的客户指定的减价折扣策略,一般情况下购买数量越大,优惠越多,即所谓的薄利多销。功能折扣策略指的不是产品的功能,而是指在进行产品分销中根据中间商在本次分销过程中的不同功能角色而确定的不同折扣,折扣的多少取决于中间商的地位、重要性、购买数量、做出的贡献等的综合评价。季节折扣策略指的是企业针对季节性商品或有淡旺季之分的商品而制定的折扣策略,如服装、鞋、帽一般都会制定季节折扣策略,实施这种策略的目的在于减少库存、加速资金回笼,降低下一年度的销售风险等。在新媒体营销环境中,由于中间商的层次与传统的层次相比有了很大程度的减少,因此在数量、季节的不同而给出不同的折扣时,它的价格变化更加敏感,更能给消费者带来实惠。

3. 声誉定价策略

声誉定价策略是指产品定价的依据在于产品在消费者心中的形象、地位、信任度和声望。对于那些比较有历史底蕴且知名度极高的产品,在消费者心目中的地位相较于同类年轻产品要高很多,而且会有一种奇怪现象,如果这类产品的价格偏低反而会让消费者对产品产生疑问。有时消费者购买商品时的心理是想要通过商品的品牌来显示自己的身份和地位。如果消费者在购买高声誉的产品时,商品价格低于消费者心里的预期价格,可能会打消消费者的购买欲望。声誉定价可以达到两个目标:首先,高声誉带来高价格,高价格显示产品的优秀特性;其次,高价格可以刺激消费者的特殊消费神经,满足消费者的虚荣心。目前,在任何一个行业中的品牌数量都极多,而其中声望高的品牌会首先被消费者所接收。在新媒体营销环境中,更多的互联网品牌,如膜法世家、三只松鼠等的出现,让这些产品出现了品牌溢价的现象。

(三)渠道策略

企业的营销渠道是连接企业和消费者,满足消费者需求和实现企业盈利目的的通道。好的营销渠道应该发挥以下两种功能:其一,安全及时地将商品传递到消费者手中;其二,应该通过加速资金等各种实物资源的流转速度,降低营业成本,进而对销售起到促进作用。新媒体时代,传统营销渠道发生了巨大的变化,在早期的营销渠道转变中,以戴尔为代表的一些公司,在网络上建立销售平台,整合资源,进行直销。后来,营销活动的各个环节都开始越来越多地将互联网融入其中,渐渐地新媒体时代的营销渠道发展成为一种区别于传统渠道的新通路。新媒体营销渠道策略大体可以分为三种:网络直销策略、网络分销策略和双道策略。

1. 网络直销策略

网络直销策略即营销渠道只有互联网平台的营销渠道策略。这种策略的最大特点就是供应商和消费者借助网络直接接触,没有批发商和零售商等中间环节。这种方式的优点在于环节少、速度快、成本低。一个企业应该考虑以下因素再决定能不能做网络直销。

(1)目标市场的规模

规模过小则没有进行直销的必要,因为建立完善的直销网络也需要投入很多资金和资源。

(2)产品特性

若产品的特性并不明显,并且不易通过文字或图片方式进行清晰的描述或标示,则不适合做直销。

(3)企业自身实力

企业进行任何经营活动都要从自身实力出发,从现实角度出发,如果实力不足、期望过高,则结果不会太好。

(4)营销环境

企业的内外营销环境是决定企业营销策略的重要因素。

(5)传统渠道

对于一些企业来说传统渠道的营销效果更好,而盲目跟风放弃传统渠道,会对企业造成不利的影响。而那些利用传统渠道营销,效果并不理想的企业则可以考虑转变营销渠道策略。其实网络直销是不能脱离传统渠道存在的,有形商品的交易就必须借助传统渠道才能实现。

2. 网络分销策略

分销策略中有一个重要的角色是中间商。而在互联网时代,电子中间商同样起着连接生产者和消费者的作用。它们建立的交易平台就是市场,这些平台的特色、知名度和客流量直接影响营销活动的效果。因此,企业要谨慎选择电子中间商。在选择中间商时应该首先考虑以下几个因素,包括电子中间商的特色、影响力和服务。按中间商是否拥有商品所有权分,可以将中间商分成两类:其一是网络经销商,其二是网络代理商。按中间商所起的作用分,可以分为网络批发商和网络零售商。网络中间商和传统中间商的功能基本相同,但也有以下差异。首先,二者的交易方式不同,网络中间商的交易方式基本上属于虚拟交换范畴,而传统交易方式是实体交换范畴;其次,二者的交易效率不同,网络中间商的信息交换速度和效率极高,对消费者需求变化的反应速度也极快,并且沟通方式大大方便了消费者,这些高效率带来的直接效果就是能更好地控制库存、降低成本。中间商的消失曾经被人们认为是必然,但事实证明,在新媒体时代,中间商的地位是无法代替的,它的存在有着一定的必要性。但优胜劣汰是市场经济不变的真理,一部分中间商走向灭亡是必然的。

3. 双道策略

双道策略指企业在新媒体营销环境下,同时使用直销策略和分销策略,以使销量达到最大化的策略。目前来看,双管齐下的策略比单一选用一条策略更容易开拓市场。

(四)促销策略

新媒体促销策略对人力资源的要求相对较高,需要同时具备计算机信息技术的相关知识和能力以及营销人员所应具备的知识和技能的人才。同时在工作思维上对营销人员也有新的要求,因为新媒体促销是在虚拟形式上进行的营销活动。营销人员必须能够跳出实体市场,采用适合于虚拟市场的思维方式。同传统营销策略一样,促销策略也是新媒体营销的一个极其重要的内容。网络广告目前依然是网络促销最重要的一种方法。

1. 广告促销

可以说几乎所有营销活动都直接或间接地和企业的品牌与形象有关,在网络促销中,网络广告的效果最为直接和明显。很早以前,标有企业 LOGO 的广告是主流,但随着网络广告形式的不断创新,新型的广告呈现方式可以做到用更少的时间,传达更大的信息量,同时还新增了互动性的特点。

2. 折价促销

无论是在线上还是线下,这都是商家经常用到的一种方式。可以说折价促销的方式在线上比在线下的优势更为明显,因为在线上销售首先从场地上就能节省成本。因此,商家有能力在网络促销上提供高于实体店促销的折扣。目前,针对一些不太适合在网上进行直接交易的产品又提出了一种新的促销方式,那就是可以在线上直接购买提货券,或是下载打折券、领取会员等方式,而后在线下直接提货,或在实体店根据打折券或会员资格享受相应折扣。

3. 积分促销

企业根据注册会员的消费者在其网站或平台上的活跃程度、购买量等给予相应积分,可以达到刺激消费者浏览或购买的效果,同时积分促销可以增加消费者对企业的忠诚度,还可以提升企业的品牌认可度和知名度。并且这种方式实现起来相对简单,因此也是目前大多数企业会采用的一种方式。

4. 电邮促销

这种方式主要是通过电子邮件传递给顾客企业促销商品的信息,以达到促进消费的作用。然而,很多消费者会将企业促销邮件设置为垃圾邮件。因此,这种方法的效果不是很理想。但因为成本极低,也是企业常用的一种方法。

5. 网聊促销

网聊促销是指在一些社交软件或游戏中推送自己的产品信息。这种方式需要企业注意的是,如果用不好很容易引起消费者的反感和抵触,这样就适得其反了。

20世纪80年代初,服务营销领域的学者借鉴了4Ps营销组合的思想,结合服务行业的特点,提出了服务营销的7Ps组合。也就是在原有4Ps基上增加了三个P:(1)人(People或Participant),指参与服务的员工与顾客。(2)有形展示(Physical Evidence),指服务环境,以及服务生产和与顾客沟通过程中的有形物质、展示环境等。(3)过程(Process),指活动流程、服务程序,以及与顾客互动沟通机制等。

该组合的前提和内涵是:(1)继续站在服务企业的立场上看待营销活动。(2)正视服务产品与实体产品的差异,相比实体产品,服务产品具有无形性、易逝性、不可分离性、依附性等特征,所以营销效果与顾客满意度直接相关。(3)服务质量(Service Quality)是衡量营销效果的重要指标。(4)服务质量的测量需要从可靠性、可感知性、应对性、保证性和移情性五个方面进行考虑。(5)上述四个方面,均离不开7Ps因素的影响。因此,服务营销组合7Ps同样需要协同发挥作用。在新媒体时代,信息和知识都是爆发式地增长和传播,其速度远超过生产规模的扩大速度,市场从规模经济又开始转向细分经济,打造细分市场和个性化市场,在这种情况下,企业应从长远和稳定发展的角度出发,必须注重企业的生产运营,必须与市场发展和消费者需求相适应。正因如此,个性化需求便成了生产企业的一个重要关注点。每个消费者的个性化需求都带有其自身的特征,那么如何搜集每个消费者的个性化需求特征就成了一个问题,互联网最显著的特征就是即时性、互动性和不间断服务性,它的出现掀起了营销界的又一个巨浪,企业将传统意义上的营销与网络顾客服务进行整合,以实现"多对多"营销。开展"多对多"营销就是将每个消费者都看作独立的区别于其他消费者的个体,并且每个消费者的情况都是已知的,更有针对性地开发市场,同时进行有反馈的双向沟通,借助互联网这个工具,构建消费者数据库,对现有消费者和潜在消费者的信息进行收集整理,最后进行分析,为营销决策提供可靠依据。

二、新媒体4Cs营销组合策略

美国营销专家罗伯特·劳特朋（Robert Lauterborn）教授于1990年提出了4Cs营销理论（The Marketing Theory Of 4Cs），他认为传统营销的4Ps只从企业角度出发来制定营销决策，而忽视了顾客真正的价值需求，4Cs是以消费者需求为导向，将市场营销组合的要素提炼为：消费者（Customer）、成本（Cost）、便利（Convenience）和沟通（Communication）。4Cs营销理论主要阐述了以下几个方面。

（一）消费者需求（Customer's Need）

企业进行产品研发和销售之前，要研究分析消费者需求，而不是先考虑企业的生产能力。

（二）消费者愿意支付的成本（Cost）

企业做出定价策略之前，要先了解消费者愿意为之付出的成本，而不是仅考虑企业的生产成本。

（三）消费者购买的便利性（Convenience）

从实用性、便利性角度设计产品，产品首先应考虑到消费者在使用中是否方便。

（四）与消费者进行营销沟通（Communication）

企业采取多种营销方式和营销手段，以消费者为中心进行营销沟通，通过沟通和互动，整合企业与消费者双方的利益。从4P到4C，是一个营销中心逐渐从企业向消费者转变的过程。而新媒体平台的产生以及新媒体营销方式的产生，让消费者更容易成为营销的主体和核心。通过新媒体，企业开展多平台的营销互动，使一部分消费者可以通过新媒体平台影响另一部分消费者。只有这样的新媒体营销，才能将市场带入用户为王、全民营销的时代。

在互联网时代背景下的新媒体营销，给4Cs理论赋予了新的含义。一是它重新定义了消费者的群体指向性，从以前的大众转变为现在的网民，虽然在概念涵盖的区域二者上有区别,但网民的表述更加凸显网络、互联网、移动互联网的背景和整体环境,这样在与目标客户、潜在消费者沟通时,能够针对沟通渠道、表现方式、传播侧重点整合传播方案,进行更有针对性和匹配度的策划,其时代特征更加鲜明。二是将各构成元素的要点清晰明白地点出,比如与消费者的沟通和为其提供更多的便利性,共同组成一个能够符合网民、潜在消费者需要的个性化方案,对于碎片化的互联网营销时代,这种组合拳式的营销策略更能满足消费者的心理需求。三是进一步强调了互联网基因。此处强调的互联网基因,更侧重于用互联网的工具、方法以及整合利用等多种手段和途径进行的营销沟通,比如电子商务模式的运用、互联网使用者之间的群体共性、数据收集之后可挖掘的新商机等,都是基于互联网的应用和运营所带来的新可能。四是重视整合传播,在互联网时代,消费者的注意力被各种各样的信息所占据,品牌要到达潜在目标的眼、耳、心,需要更加立体、多元的组合式传播与沟通。

三、新媒体 4Rs 营销组合策略

4Rs 组合是由唐·舒尔茨(Don E. Schultz)提出的。他建议要从企业和顾客互动的角度设计营销活动(实质是一种供应链管理的思维视角)。包括:一是关联(Relevancy),即建立、保持并发展企业与顾客之间的互助、互求、互需关联,培养顾客忠诚,构建命运和利益的关联共同体。二是关系(Relation),即建立企业与顾客之间的长期关系,从一次交易向多次交易转变,从短期利益导向向长期利益导向转变,从顾客被动接收产品向顾客主动参与生产转变,从利益冲突的甲乙方向合作方转变,从交易管理向关系管理转变。三是反应(Response),即企业建立快速反应机制,站在顾客角度及时倾听顾客的需要,并及时答复和迅速做出反应,降低顾客抱怨,减少顾客流失。四是回报(Return),即双方在营销活动中要合作共赢,优质的营销活动自然会有来自顾客的货币、信任、支持、声誉、忠诚等物质和精神的回报。

该组合的前提和内涵是:一是站在企业与顾客互动的立场上看待营销活动。

二是企业与顾客在营销中处于平等地位,双方能够对等或基本对等地进行交流。三是对顾客的需求及时做出响应是互动质量的保证,其中必须注意两个准则,其一,从保持长期关系出发进行互动交流和交易;其二,保持互惠互利。四是4Rs的各个方面,处于营销活动的不同维度,彼此之间相互影响,共同支持企业短期营销效果和长期生存发展。

第三节　互联网时代基于新媒体的营销策略

以上的这些理论都是在传统实体营销环境下提出的,面对新的互联网环境,新媒体大行其道的环境下,新的营销组合出现了。

一、基于社会化媒体营销的5Ps组合

根据互联网的社会化媒体特点,在传统营销4Ps的基础上,有学者提出了第5个P,即用户参与(Participa-lion)。互联网营销,实质是社会化媒体营销(Social Media Marketing),是通过社会化媒体技术、渠道和软件来创造、沟通、传递和交换为组织的利益相关者带来价值的产品和服务的活动。这种社会化媒体营销,与传统营销组合、传统数字营销组合存在的主要差异就是企业与顾客的相对地位与沟通方式。在传统营销和传统数字营销中,企业处于强势地位,营销是从企业立场出发来决策实施的。利用屏幕弹出广告、电子邮件广告等干扰顾客注意力的"中断打扰型"营销,本质上属于传统4Ps营销。在这种营销模式中,企业对顾客的信息传递基本是单向的,顾客处于被动接收状态,所以对于营销活动的参与程度并不高。在社会化媒体环境下,由于网络社区的信息开放性,导致用户专业知识增加,用户之间的在线讨论、合作、分享更加便利,用户与品牌进行互动和沟通的能力也大大增强,顾客对于企业的产品和服务拥有了更大的建议权和提前介入的能力,同时顾客作为意见领袖或中心人对周围人的影响

也在扩大。在传统营销组合下,商业的目的就是创造顾客,那么在社会化媒体营销组合下,商业的目的就是创造能够创造其他顾客的顾客。

由此看出,互联网营销5Ps模式,考虑到了互联网作为社会化媒体分享、参与的本质特征,突出了用户在新媒体环境下的更高地位。

二、基于移动互联营销的4Ds组合

根据移动互联时代消费者主权回归趋势,在4Ps、4Cs推演的基础上,有学者提出了4Ds组合。具体为:一是需求(Demand),从产品本位策略(Product)向消费者本位策略(Consumer Problem)转变,聚焦用户关注营销各环节的需求,优化营销价值链,利用互联网工具掌握和预测用户需求,利用社交媒体平台获取和创造用户需求。二是动态(Dynamic),从企业单向传播推动(Promotion),向以消费者为中心的沟通(Communication),再到基于互联网的动态(Dynamic)的多点沟通的转变。具体表现为线上线下闭环、多渠道整合传播、病毒式口碑传播等。三是传递(Deliver),从建立多级渠道"推"给客户的分销(place),向考虑顾客的便利,再向客户积极传达产品信息的价值传递(Deliver)的转变。例如,O2O的线上营销与线下消费结合,实现客流、商品流、信息流、资金流、物流的便利。四是数据(Data),从关注产品价格(Price)向考虑顾客成本(Cost),再向顾客交易信息大数据(Data)聚焦的转变。企业可以通过互联网技术收集顾客大数据,为其画像,为营销提供科学决策支持。

三、基于移动互联营销的新4Cs组合

互联网社群时代的新4Cs组合,其主要内容包括:一是场景(Context)。捕捉或创造合适的场景,此类场景能够高度吸引公众的注意力。二是社群(Community)。针对互联网社区特定的群体,此类群体是企业潜在或实际的顾客群。三是内容(Contenl)。制造有传播力的内容或话题,如从分享、协同、给予客户

答案的角度来向消费者传递信息,力争将浏览者转变成购买者,让购买者成为回头客或狂热的追随者及倡导者。四是连接(Connection)。结合社群的网络结构进行人与人的连接(Connection),以快速实现信息的扩散与传播,最终获得有效的商业传播及价值。从新的4Cs出发,移动互联网营销需要做好:创造或选择充满魅力的场景,从个体思维转向社群思维,设计有传播力的内容,实现人与人之间的连接。人与人的连接在实际的应用中,要注意找到目标客户群的中心节点,利用圈子和圈子之间的连接,抓住连接者,引爆流行;做好围观层面的连接、口碑传播的机制和动力设计。

四、基于网络整合营销的4Is原则

网络整合营销的4Is原则,包括:一是趣味(Interesting)原则。互联网媒体具有部分娱乐属性,可以通过它们进行传播。将营销传播巧妙地包裹在趣味的情节当中,是吸引客户的良好方式。二是利益(Interests)原则。为目标客户提供有效信息,让其获益,同时企业也能获取利益。三是互动(Interaction)原则。告别传统的单向灌输式营销,让其具有充分的交互性,充分地利用网络的特性与消费者进行交流,让网络营销的功能发挥到极致。四是个性(Individuality)原则。个性有两种,一是企业要想脱颖而出,就要有足够特色的个性化营销,让消费者产生"焦点关注"的满足感。由上看出,4Is原则主要从互联网传播及效果角度展开思考,抓住了娱乐、互动、个性的属性特征以及利益的营销初衷。

这种营销方式追求的是情感共鸣,并不过分强调产品本身的优势,迂回式地说服消费者进行购买,当然不过分强调产品本身的优势不意味着产品没有优势。"互联网+"时代的娱乐形式多种多样,但企业应该意识到每一类娱乐节目或事件都有其对应的受众,也就是消费者会根据自身的不同诉求和兴趣选择娱乐项目。因此,应以目标顾客群和目标市场的确定为前提,选择能满足本产品的目标消费人群诉求的娱乐项目,选择合适的角度进行切入。"互联网+"背景下的新媒体时代为企

业带来的机会和挑战众多,如在品牌营销上带给企业很多新的契机。利用微博、微信平台作为话题集散中心,利用多种多媒体形式,生动、迅速地进行信息传播是很多企业惯用的方式,通过这种方式成功的企业屡见不鲜。原因在于,利用新媒体进行娱乐营销的传播途径更多样、形式更丰富、传播更迅速、受众更广泛。并且与传统营销方式相比,企业投入的成本更低,并且容易在较短时间内获得较多关注度和收益。新时代,消费者不再是单方面的信息接收者和产品购买者,他们更加追求个性化需求的满足。企业必须抓住消费者时刻变化的消费心理和娱乐心理,使娱乐营销更具操作性。

五、IBM 公司提出的 SMART 营销组合

IBM 公司基于互联网、大数据等新媒体环境,分别提出了战略层面和战术层面的 SMART 营销。具体为:一是战略层面的 SMART 包括社会(Sociality)、移动(Mobility)、分析(Analytics)、关系(Relationship)和技术(Technology),即在国家、城市、社会等层面,利用宏观的社会化、移动化大数据及分析方法,来挖掘数据背后的关系网络与社群特点,据此利用相关精准营销技术实现营销目标。二是战术层面的 SMART 包括系统(Systematic)、可测(Measurable)、可达(Accessible)、互惠(Reciprocal)和准时(Timing)。通过社交媒体和移动网络两大新渠道收集顾客信息,利用数据挖掘技术和社会网络技术分析顾客行为、洞察顾客需求、寻找社会关系、强化顾客关系,从而实现有目标的、个性化的精准营销和实时营销,提升市场推广的准确率和成功率。

六、互联网时代的 6S 营销模型

6S 营销模型构成要素包括:一是产品服务子系统(Product Service Subsystem);二是沟通交换子系统(Communication &. Exchange Subsystem);三是消费使用子系统(Consumption &.Use Subsystem);四是成本收益子系统(Cost & Benefit

Subsystem）；五是效率支持子系统（Efficiency Support Subsystem）；六是环境制度子系统（Environment & Institution Subsystem）。

第四节　其他典型新媒体营销策略

品牌作为企业最重要的一种无形资产,其实质就是企业的商业信誉价值。企业的品牌与形象、品牌与定位、品牌与价值都是正相关的关系,即品牌的认可度和忠诚度越高,其相关属性也会往越好的方向发展。所以,品牌知名度的提升以及企业良好形象的建设是提高企业商业信誉价值的关键。新媒体大行其道,给企业带来的影响是全方位的,在品牌营销方面也带来了新渠道。首先,基于新媒体最突出的互动性的特征,构建企业和消费者双向沟通的平台,在这个平台上企业向消费者传播企业的品牌形象和文化,同时消费者可以在这里发表自己的用户体验、意见建议以及美誉,有助于增强消费者的忠诚度。其次,基于新媒体的形式多样性的特征,搭建企业的营销平台,如微博、微信、贴吧等。最后,基于新媒体的多媒体性,以丰富多彩的形式将企业的创新元素融合到营销理念和营销过程中,提高品牌形象价值。新媒体在提高企业的品牌价值方面有着重要的作用。

一、知识营销策略

在 21 世纪的知识经济时代里,作为新媒体营销中的一个最具有发展潜力的分支——知识营销,将会在全生命营销体系里发挥出自己的特长,并产生举足轻重的作用。

（一）知识营销的特征

1. 高科技因素

借助于知识营销的产品有自己的特点,与一般借助于传统营销的产品还是有一定的差别的。相对来说,运用知识营销的产品对于技术的要求更高,它是一种把概念性的高科技真正投入实体中的产品,比如说网络化电视机、5G 手机等。这些借助实体来表现高科技产品的营销,给营销人员带来了更大的挑战。这就要求营销人员不但要有过硬的专业知识水平,能够准确、快速地把握产品的特性,还要有丰富的营销手段,能够将所要推销的产品的独特之处描述给客户,使客户明白其中的构造原理以及产品的性能,从而让客户自己理解、体会到产品带给自己的好处,进而产生购买的欲望。若营销人员不能让客户体会到产品的构造及带给他们的便捷性,对于客户提出的关于产品的专业性能方面的问题不能进行有效讲解的话,那么客户就会对这个产品有抵触心理,也不会产生购买的欲望,这也就意味着此次营销活动的失败。新媒体的产生可以拉近企业与客户间的距离,更好地让客户了解产品的构造原理以及产品的性能,让客户自己理解、体会到产品带给自己的好处,进而产生购买的欲望。

2. 信息管理系统的形成

与先前的营销方式相比,知识营销方式出现了一个较大的变化,产生了一个从量变到质变的变化。随着信息技术的不断发展和创新,逐渐形成了信息管理系统,在这个系统里,企业可以自己单独分析信息,也可以与其他具有战略合作伙伴关系的企业进行信息的共享。企业借助于这个信息管理系统可以改变以前传统的主要依靠实体媒介的营销方式,形成一种新的营销方式。这种新的营销方式可以克服传统营销方式里的局限,比如说受地点、时间、季节等因素的影响,也可以实现客户与营销人员在不同的地域进行面对面的直接沟通,客户可以向营销人员提出自己的想法以及构思,从而让企业根据自己的要求进行个性化的服务。

(二)实现知识营销的路径

1. 建立科学的技术平台

企业的科学技术平台可以分为内网和外网。其中,内网是供员工相互学习、沟通交流使用的,外网则是用来获取外部的信息资料。内网与外网的相互结合,对于全面把握市场知识营销具有很大的帮助,可以提高营销的效率。

2. 组织高素质营销队伍

在进行知识营销时,需要组织高素质的营销队伍。高素质的营销人员,需要具备良好的知识获取能力、知识整合能力、知识共享能力和知识创新能力。

3. 搭建扁平化组织结构

扁平化组织结构包括两方面:组织层级的降低和组织边界的扩张。组织层级的降低能使知识纵向传递和逆向反馈,组织边界的扩张能使知识的获取和共享更为广泛。

4. 打造共享型组织结构

对常用的、有效的知识进行共享可以快速地提高营销人员的素质和技能。在建立激励共享机制和营造共享文化的前提下,知识才能得到更好的共享。知识拥有者获得的知识在企业内部存在个人优势。若将知识共享出去,知识拥有者可能会增加竞争对手。所以,企业要合理评估知识,形成完善的激励共享机制。

二、事件营销策略

事件营销的精髓就在于对有新闻价值、社会效应和名人效应的事件进行策划,利用新媒体快速传播的特点,引起社会媒体、社会组织和消费者的关注,提高品牌知名度、认可度和忠诚度,最终达到提高产品销量、赢得更多利益的目的。这种营销手段的突出特点就是受众极广,并且突发性极强,能够迅速使信息传播量达到最大,快速吸引消费者眼球,也能快速达到最优的传播效果。这种营销手段是近几年最为流行并一直在推广的手段之一。

新媒体时代的事件营销应该建立在企业品牌与消费者的共鸣体系中,把"情感传播"当作核心理念。在新的时代背景下,情感因素是事件营销效果好坏的决定性因素,因为事件营销引起的无论什么话题都必须以人的情感为依托,只有在引起消费者的情感共鸣的基础上,才能与消费者建立稳定的关系,这种关系是超出买卖关系之上的情感关系。达到情感共鸣不但能让消费者对企业的品牌认可度有所提高,并且能让消费者参与到品牌传播中,成为传播媒介,以使事件营销的效果倍增。

新媒体时代的事件营销应该关注两个角度:一是关系维护;二是引爆关注热潮。企业应借助于新媒体本身的传播特点,找准切入点。进行事件营销的策划师必须认清当前的事件本质和舆论环境,把握事件营销尺度的关键就是充分考量事件本身并且将事件与品牌传播相关联。事件营销的危险性就在于,如果失败的话很有可能引起公关危机。新媒体时代的事件营销必须在人文关怀和语言修辞上给予足够重视,从这个角度出发在营销活动执行中应注意两方面的问题,即场合和表达方式。"互联网+"时代企业进行任何营销活动都必须坚持道德准则,守住道德底线,传播正能量。

三、植入式营销策略

硬广告是传统营销中常用的一种手段,然而,随着时代的变迁,消费者对广告的态度和喜好发生了很大的变化。新媒体时代广告泛滥,不耐烦和抵触是消费者观看硬广告时的一般心理,硬广告的传播效果越来越不理想。植入式营销是指将产品或品牌及其具有代表性的视觉符号甚至服务内容有策略性地融入电影、电视剧或电视节目内容中,作为演员使用的道具或通过场景的再现,让观众留下对产品及品牌的印象,继而达到营销的目的。植入式广告和硬广告相比,其成本更低,并且在接受程度上,植入式广告穿插在影视作品的剧情中,使消费者更容易接受和记忆,在不知不觉中提高了品牌认知度。

目前的植入式营销模式有四种,分别是场景式、对白式、情节式和形象式。场景式植入指的是把品牌符号或产品实体设置在剧情的发生过程中或场景中。对白式植入指的是通过剧中人的嘴,将产品名称或者广告词巧妙融入其中。情节式植入指的是将品牌产品作为整个故事的重要组成部分和推动故事情节发展的重要因素,甚至可以将植入的关键内容贯穿在整个剧情中。形象式植入指的是根据品牌或企业所要传达出的主要信息,将其植入影视剧中,如将其设计成为主人公的个性或内涵的外在表现形式,同时伴随剧情的进展,通过展示剧中人物的形象,来塑造或提升产品的形象。

在做植入式营销时应关注以下几点:首先,植入要做到全方位吸引消费者的注意力,引起消费者的兴趣是达到营销目的的前提,在此基础上将注意力和兴趣转化为购买行为,因此产品和品牌形象与剧情的风格和发展相一致是关键,这样才能让消费者将二者紧密联系起来。然后,避免植入方式的单一性,可以将几种植入模式综合运用起来,效果会更好。其次,深度整合企业内外资源,将营销效果最大化。植入式广告只是企业营销的一种辅助手段,品牌形象的塑造不能只局限于这一种方式。因此,需要整合各种营销手段进行传播,才能达到更好的效果。

四、体验式营销策略

所谓体验式营销就是通过对感觉器官的刺激,让消费者对企业的消费行为不只局限于购买,更能通过看、听、用,参与到企业的生产销售活动中去,同时调动起消费者的感性因素和理性因素,提升消费者对品牌的认可度和忠诚度的一种营销方法。

相较于传统营销中消费者只具有购买行为的状况,体验式营销能给消费者带来更深刻的体验和感受,进而使其获得更多的满足感,这是情和景的营销方式,企业以服务为核心,以产品为素材,为消费者制造更多值得回忆的机会,从工作和生活情景出发,以带动消费者的感官体验和认可,进而集中消费者的注意力,改变消费者的心理和行为,为企业和产品的生存创造更广阔的空间。体验式营销将消费者的体验和感受放在首位,充分表达出对顾客的理解、尊重和关心。体验式营销的典范就是苹果手机,这家公司在国内各大城市的各大商圈、高铁站等多个地方设立体验店,通过这种方式提升用户的购物满意度,并且在消费者体验过程中提供免费试用机会,收集体验报告,这样不仅有助于对产品设计的改善,更能提升消费者对产品的好感度。

新媒体时代的体验式营销形式不只局限于消费者的现场体验和销售,还能够通过新媒体技术和手段对产品和活动信息进行广泛传播,吸引更多的消费者,更能够在消费者之间和消费者与企业之间进行互动,这种互动性能够拉近企业与消费者之间的距离,从而提升整体营销效果,创造更大的利润前景。这是一种创造性和创意性极强的营销手段,对体验活动的设计要求必然较高。首先,必须注重对体验营销环境的设计。营销环境的特点应该与所出售产品的特点相呼应,无论是展厅的装修、灯光、配色还是参观体验区和休息区的功能型设计都不能与所销售商品相冲突。其次,将消费者的体验感作为营销活动的核心,围绕消费者的目标感受和所要达到的预计效果对活动环节进行设计,尽量做到在整个活动中不使消费者产生疲倦感,同时设计消费者参与环节。再次,在营销活动结束之后收集消费者的体验感受反馈信息,为了促进与消费者之间的配合,可以依据转发数量和集赞情况设置奖励活动,请消费者表达自己的感受和体会,发布到各大媒体平台,同时借助第三方媒体进行宣传。最后,活动结束以后,通过消费者参与时留下的联系方式进行回访,激起消费者的回忆,最终实现强化消费者忠诚度和美誉度的目的。

五、互动营销策略

互动营销是指企业与消费者之间通过互动来进行沟通交流,进而达成交易的一种方式。

(一)互动营销的特点

1. 互动性

互动性指的是消费者与商家之间的沟通与互动。一般来说,新媒体营销先进行前期策划,再通过与粉丝的积极互动,慢慢引导粉丝参与其中,使企业与消费者之间形成一个纽带。

2. 舆论性

网民之间互相回帖可以直接或间接地对产品产生正面或者负面的评价。舆论的作用在互动营销中不容小觑,可能会对企业的口碑产生一定的影响。

3. 眼球性

互动营销需要抓住人们的眼球,这样才能获得网友的关注和热议,才可能产生互动。如果互动营销事件不能成功地吸引人们的眼球,没有人关注也就谈不上互动了。

4. 热点性

互动营销可以借助热点事件来炒作,也可以自己制造热点事件来进行炒作。热点事件要生动、形象、吸引力强。抓住了消费者的心理,才能引起更多的注意。

5. 营销性

互动营销的目的并不仅仅是为了与消费者互动,更在于营销。为了达到某种营销目的,运用事件进行炒作和互动,归根到底,还是为了树立品牌形象和提高销售量。

(二)互动营销的实施

企业与用户之间的互动,追根究底是为了提高用户对企业的信任度,进而促使其购买企业的产品。企业或商家与用户互动得越好,交易成交的概率也就越大。在新媒体平台进行互动营销,一味地追求粉丝的数量而不追求粉丝的质量是不可取的。唯有真正站在用户的角度并为其着想,才能提高用户的满意度。进行互动营销要注意以下几点。

1. 发布用户关注信息

收集用户较关注的话题,进行梳理和解答,并将其发布在新媒体平台上。用户被信息吸引,就会认可产品并转发给朋友,这样就可以使产品得到更多关注。例如,在微信销售衣服时,可以先建立一个美妆穿搭微信公众号,在教授穿搭技巧时,粉丝会渐渐对卖家产生信赖进而选择购买衣服。

2. 转发用户评价

在用户对我们进行评价时,可以适当地转发。一来用户会感觉到自己被重视被尊重,二来转发用户的评论也可以作为产品质量好的证明。当遇到产品有问题的评论时,可以通过转发来统一解决问题,降低客服的工作量。

3. 及时回复用户

当用户进行评论时,回复信息要及时。就如我们平时联系别人时希望能得到最快的回复一样,用户也希望我们能尽快回复评论。及时回复用户,不仅仅使用户感受到尊重,还会给用户留下好的印象,一举两得。

4. 解答用户疑惑

当用户存在疑惑时,要及时进行解答。比如,当用户对产品的信息不太了解时,应该向用户详细讲解产品信息;当用户不知道该怎么选择时,应该为用户提供专业的建议;当用户购买产品出现问题之后,应该及时解决问题。

5. 适时进行活动促销

当用户对产品的信息习以为常后,可以适当地进行活动促销,让用户感到惊喜与新奇。这样不但可以增加新用户,也可以吸引老用户。

6. 对待用户态度诚恳

为用户服务时,态度一定要诚恳。我们在其他地方消费时,会希望服务人员能够真诚地对待我们,而不是敷衍了事。因此,我们在对待用户时,也应该诚恳待人,这样才有助于拉近我们与用户之间的距离。

六、口碑营销策略

21 世纪的口碑营销传播定义为:由生产者以外的个人通过明示或暗示的方法,不经过第三方处理、加工,传递关于某一特定或某一种类的产品、品牌、厂商、销售者,以及能够使人联想到上述对象的任何组织或个人信息,从而导致受众获得信息、改变态度,甚至影响购买行为的一种双向互动传播行为。新媒体营销把口碑与网络营销进行了有机的结合,利用新媒体平台,将产品的口碑以文字为载体,使企业与消费者进行互动,从而获得销售效益。新媒体的加入,使口碑营销具有病毒式营销的特征,其核心内容就是能"感染"目标受众的"病毒体","病毒体"威力的强弱则直接影响营销传播的效果。在今天这个信息爆炸时代,消费者对广告,甚至新闻,都具有极强的免疫能力,只有制造新颖的口碑传播内容才能吸引大众的关注与议论。

(一)口碑营销特点

1. 团体性强

不同层次的消费群体间有不同的消费需求。正所谓物以类聚,人以群分,处于同一消费水平的人的话题和焦点更为相似,一旦某个品牌被其中一人或者几人所喜爱,那么品牌的口碑会通过各种关系链在整个群体中传播开来。

2. 传播成本低

口碑营销基本上不需要广告费用,仅需提供企业的良好形象即可,相对于花费巨大的广告、促销等活动,口碑营销成本低且更简单奏效。

3. 可信度高

口碑营销基本上是发生在较为亲近和密集的群体中,如朋友、同学、同事等。正是这种相对比较亲近的关系,使得口碑传播的可信度比较高,相对于广告和商家的推荐,人们还是觉得身边的朋友、同学、同事、亲戚的话语更为可信。

4. 发布渠道广

进行新媒体口碑营销时,在微博、微信朋友圈、QQ、MSN、论坛等用户比较集中、社交性比较强、传播范围比较广的平台来发布消息更容易将口碑打响。

（二）口碑营销的四种方式

1. 公益营销

公益营销是一种回馈他人、承担社会责任的活动。企业做公益活动可能不会立刻获得利益，但是在企业做公益活动的过程中，企业的形象得到了提升，企业的口碑变得更好。企业做公益活动其实也是一种广告形式，虽然不能得到即时的利益，但是有利于企业的长远发展。

2. 终端推广

消费者首先通过广告对产品建立起初步印象，但是由于空间的距离和阻碍，广告拉动的销售量可能很少。消费者在现场购买时，可能会转身选择其他产品，因此终端推广很重要。在卖场可以借助横幅、小礼物等进行促销，增加消费者的购买欲望。可以采用广告和终端推广相结合的方式，在线上营销取势，在线下营销取销量，打造良好口碑。

3. 降价促销

由于同类产品的竞争较大，在供需失衡的市场里，买家可以适当地进行降价销售。降价促销可以促使销量增加，但不能作为唯一手段，否则一旦竞争对手同样降价，会造成两败俱伤。在保证产品的质量和服务品质的基础上适当地降价可以使产品树立良好的口碑。

4. 媒体广告

"酒香也怕巷子深"，要树立企业和品牌的良好形象，仅仅依赖产品的质量是远远不够的，还应加强对产品的宣传力度。密集的广告可以使企业和产品得到更有力的传播，有利于品牌树立良好口碑，企业可以通过新媒体平台进行广告宣传。

第六章　互联网时代新媒体应用的服务平台

第一节　数字广播应用

进入 21 世纪,数字技术随处可见,无时无刻不在影响着我们的工作和生活。面对已经来临的数字化时代,美国未来学家尼葛洛庞帝指出:"当一个个产业揽镜自问'我在数字化世界中有什么前途'时,其实,它们的前途百分之百要看它们的产品或服务能不能转化为数字形式"。数字技术不断更新着传统媒体服务,同时也不断拓展着新媒体服务,构成了一系列升级的、崭新的数字新媒体的服务平台。

数字新媒体技术为数字新媒体产业发展提供着坚实的技术支持,有力地推动了数字新媒体应用的拓展和服务的创新。同时,数字新媒体应用与服务的迅猛发展又进一步促进了数字新媒体技术的不断提升与创新。数字新媒体的发展具有相互交叉和相互融合的特点与趋势,各类数字新媒体内容服务与系统都综合应用了相关的数字新媒体技术。因此,很难将数字新媒体技术的应用领域加以严格区分与分类。为了便于就数字新媒体的应用展开讨论,可根据数字新媒体的具体内容服务及应用对象,即根据构建成的数字新媒体的服务平台,将数字新媒体技术的应用分为数字广播、数字影视、数字广告、数字出版、数字游戏和数字网络社区等主要应用领域。相信随着数字新媒体技术的不断创新,数字新媒体的应用领域将得到进一步拓展,现有服务平台在得到不断完善、不断升级和相互融合的同时,也必将派生出一系列新的应用和新的服务平台。

广播媒体曾经是最主要的信息传播途径之一,在信息时代占有举足轻重的地位,其受众面也最为广泛。随着数字技术的发展,从传统的无线电广播、有线电视网,到卫星、网络和移动等音视频广播等已逐渐进入了数字化时代,数字广播的新技术、新服务不断涌现,相互竞争、相互补充,得到了快速发展。

数字音频广播是将模拟声音信号转换成数字信号进行处理和传输的广播方式。随着技术的发展,数字音频广播除了传统意义上仅传输音频信号外,还可以传送包括音频、视频、数据、文字、图形等在内的媒体信号,数字音频广播已经进入了数字多媒体广播的时代,受众通过手机、计算机、便携式接收终端、车载接收终端等多种接收装置,都可以收听丰富多彩的数字多媒体节目。其主要优势在于:可与CD 媲美的纯净音质;抗干扰能力强,收听效果好;适合于固定、便携和移动收听,快速移动时接收效果好;除了音频节目,还可以提供数字多媒体广播和数据服务。除此之外,数字广播还有发射功率低、发射带宽、使用充分等优点。数字音频广播组网方式灵活,可以采用地面、卫星或混合广播,能够用单频网(SFN)覆盖整个服务区域。

目前,国际上发展较为成熟的数字音频广播系统包括数字音频广播(DAB)、数字多媒体广播(DMB)、数字卫星音频广播(DSB)及数字调幅广播(DRM)等。

美国所发展的数字广播系统针对 FM/AM 广播频段设计,使用带内同频技术。其目的在于:在该系统不改变现有调频频率规划的基础上,在同频段内同时播出模拟调频广播和数字音频广播,利用现有的 AM 和 FM 率进行覆盖。它的特点是与现行广播系统兼容,解决了频道少的问题,不需要重新规划频道。美国国家广播制式委员会(NRSC)已批准将带内同频技术作为美国地面数字音频广播的传输标准。现在,美国各调幅和调频广播电台可以在自愿的基础上,开始采用带内同频系统进行由模拟向数字播出方式的过渡。

数字音频广播具备优越的高速行动接收效能与信号品质,采用的单频网技术能让收听者在不同信号区块间使用同样的频率收听。这些特性结合广播对大范围播送的能力,开创出不同于以往的移动服务平台。

喜马拉雅、蜻蜓、荔枝 FM 等数字广播的出现,无论在话题内容还是表现形式上,都能够尊重听众的个性化需求,紧跟潮流和时代步伐,为不同层次的受众分别定制个性化节目。

一、数字广播的优势

(一)营销模式多样化,避免引起用户反感

不同于传统广播的硬性推送,其广告更加人性化,能从听众所属群体和需求出发,通过品牌冠名、软性植入、音频贴片等多种方式向用户推送,从而将广告和音频内容巧妙地结合起来,能够有效避免用户的反感。

(二)通过大数据技术,实现精准营销

网络电台通过大数据技术对平台上的海量用户的收听习惯和行为进行分析,根据用户的兴趣和爱好来推送推广信息,并结合场景对用户实现精准的定向广告推送,从而提高了用户黏度,减少了营销的盲目性,有效降低了广告成本。

(三)用户反馈及时,广告效果易监测

与传统广播广告相比,网络电台的广告营销活动周期和跨度比较短,用户反馈更及时,用户在接收到广告信息后能快速做出反应。同时依托先进的网络技术支持,广告投放效果可以得到有效监测,数据更加可靠。

二、数字广播营销模式

数字广播凭借其丰富多元的内容,能够满足人们对不同音频内容的需求。同时,搭载于移动智能终端上的电台应用,其伴随性特征也更符合当下用户碎片化收听音频内容的现实需要,网络电台因而备受音频爱好者青睐。

网络电台内容的丰富性及电台应用的便利性,使网络电台的应用场景及营销模式愈加成熟。概括起来,网络电台的营销模式主要有以下几种:

（一）原生信息流广告

与传统的硬性广告不同，原生信息流广告是根据音频用户兴趣对品牌的潜在目标消费者进行智能推广的模式。网络电台拥有的巨大优势就是可以对受众数据进行精准收集和分析，用户的点击率和对节目的选择，可以清晰地储存在互联网电台的收集数据上。通过大数据分析，不仅可以对用户习惯进行细分管理，还可以精准地向用户投递定向广告，有效避免用户对广告产生反感，从而增强了用户的体验度。

（二）展示类广告

展示类广告模式是指在电台 App 页面上将广告主所要传达的产品或服务的信息直接地、快速地传达给用户，信息用户只是被动接收这类广告，不需要进行复杂的信息处理。这种营销模式是对传统媒体广播营销的继承，通过将广告信息置于热点位置或内容中，吸引听众注意，达到信息宣传的目的。在喜马拉雅 FM 中，展示类广告在营销上表现为在 App 页面展示广告，如 banner、通栏、焦点图、背景图等。

（三）音频贴片广告

网络电台具有很强的互动性，听众在收听音频节目的时候，可随时将自己的感受以评论的方式反馈给主播，实现传播者和收听者的即时互动。音频贴片广告营销模式就是以主播和用户之间的互动实现营销目的的。

（四）品牌冠名

品牌冠名是网络电台上一种新的广告营销模式。该模式依托一些超具人气的音频节目，以节目冠名的方式来实现营销的目的。一般来说，品牌冠名对于节目的粉丝数量及节目主播的影响力要求较高，因而冠名播出的广告费用也较高。

（五）品牌软性植入

这种营销模式借助于内容营销和场景营销，同时兼顾用户体验，将广告信息渗透到音频节目内容中,使听众在潜移默化中接收产品信息。例如,考拉 FM 上有一档脱口秀节目《不亦乐乎》,曾有一期节目谈论汽车,主播"小胆"在谈论自己要买什么样的汽车时,软性植入了东风日产的新楼兰,热心的听众现场就与"小胆"互动起来。这种方式既达到了销售的目的,也保证了节目的质量。

(六)"O2O+ 粉丝经济"

"O2O+ 粉丝经济"的广告营销模式即网络电台与品牌商合作,利用明星主播的号召力激发粉丝的积极性,制造话题,实现跨平台的线上线下 O2O 的互动营销,最终达到品牌推广的目的。该模式的核心是"粉丝经济"。换言之,依托平台上培养的大量明星主播,利用主播的影响力开展"粉丝经济"营销,利用这种模式可以大大提高线上广告投放的精准性,结合线下的体验活动,拉近了与用户间的距离,不仅增强了互动性,也有利于营销目的的实现。

第二节　数字影视应用

数字影视技术的出现与普及,给影视制作方式和视觉媒体都带来了深刻的变化。随着数字技术和计算机技术的发展,影视制作手段得以极大丰富,影视中高难度的视频特技越来越多,也越来越逼真,同时也为影视工作者提供了充分施展自己想象力和创造力的条件与空间。影视屏幕变得更加丰富多彩,大大提升了影视的艺术魅力和竞争力。数字影视防盗版技术的突破,为影视作品版权提供了更完善、更有效的保护手段。数字影视技术也改变了传统影视放映、发行和播放体系。影视的数字化打破了电影、电视、互联网以及电子游戏之间的物质界限,可以说,由于数字技术的发展,各种娱乐形式将逐渐走向融合。

一、互动电视

20世纪90年代,欧美发达国家的著名企业和传媒集团就已经积极地投入互动电视的研发和推广。它们视互动电视为未来电视传播的发展趋势,一心要以新技术攻占"客厅市场",避免因为进入网络时代而使单向传播的电视形态失去魅力和市场。互动电视将使电视传播迈进一个新时代。

电视作为现代社会最具影响力的媒体之一,也是人们日常生活中不可或缺的组成部分,伴随着数字化的进程,正在发生着翻天覆地的变化。它加强与网络的融合,借助现代通信技术,发展多种技术形态的电视服务,电视已经突破了制约其发展的瓶颈。长期以来,广播电视是单向广播式的播出形式,人们只能被动地收看电视台播出的节目。广播电视与计算机和通信业相互汇聚、融合,出现了互动电视的新概念。互动产生的首要条件是在传播者与接收者之间形成一个信息流动的回路。这种互动的关系不仅是交流沟通的关系,而且是一种更为及时的反馈。它尽可能多地让受众参与到节目当中,并使受众获得内容主权,以便对电视节目产生影响作用。互动电视作为一种新兴的电视娱乐和信息服务形式,是一个极佳的媒体传播个性化需求的范例。

互动电视又称"交互电视",是一种交互型的数字媒体调用服务。所谓交互服务的概念,也就是用户与用户或用户与主机之间提供信息双向交换的服务,使人们可以按照自己的需求获取各种信息服务。互动电视是一种建立在数字电视播出平台上的,具备受众和播出平台双向交流功能的新型电视传播方式,它将网络模块、应用软件与电视机融为一体,通过电信网、双向有线网、计算机网等宽带网络实现电视收看和网上浏览,是电视数字化和网络化后的产物,是新一代的数字电视,代表了数字电视的发展趋势。

互动电视系统主要由前端处理系统、传输网络和用户终端构成。前端处理系统提供充分的信息源和管理信息,主要包括视频服务器、内容管理服务器和用户请求记账服务器等。视频服务器通常是一个高性能计算机系统,取决于其所存储的影视节目的多少,磁盘容量常常是巨大的,通常要采用磁盘阵列结构(RAID)的大容量存储系统。前端处理系统既要配置数字媒体操作系统和数据库管理系统等系统软件,还要配置数字媒体创作系统等应用软件,以及具有计费功能的系统经营管理、系统维护管理软件等。

传输网络一般由主干网和接入网组成一个宽带交互网络,包括与交换传输有关的各种网络和电信设备。随着互动电视应用的发展,互动电视已经突破了原来的主要通过有线电视网作为传输平台的格局,目前主要的传输方式有卫星、有线电视网络、地面和宽带网络传输。宽带网络的迅猛发展为交互式电视开辟了新途径,它可以非常容易地将电视服务和互联网浏览、电子邮件,及多种在线信息咨询、娱乐、教育和商务功能结合在一起,相比前面的几种方式,更易实现交互和个性化服务,在未来的竞争中处于优势地位。

用户终端设备可以是电视机、个人计算机或移动数字设备,实现信息的交互。以家用电视机为基础发展成互动电视终端,通常采用附加机顶盒(SBT)的方法,除具有常规电视频道选择、加密频道解密等功能外,还具有点播控制、计费显示、遥控操作能力,数字调节器、解码器功能以及数据通信接口等。

值得一提的是虚拟演播室技术。虚拟演播室是虚拟现实技术和传统的色键抠像技术结合在电视节目制作领域的应用。它可以把现场视频和计算机影像实时地、无缝合成在一起,是对传统的电视演播室技术的一次重大变革。虚拟演播室适合于新闻、采访、座谈、音乐、教育、体育报道、天气预报等多种类型节目的制作。典型的虚拟演播室系统由摄像设备、摄像机位置参数分析及控制、图形计算机、背景素材库和图像合成等设备组成,真实(前景)摄像机拍摄演员在蓝色背景前的表演,经一定量的延迟后作为前景信号被送到色键合成模块。同时摄像机上的同步跟踪系统提供摄像机镜头、机头及机位运动等参数控制虚拟摄像机生成背景,使得虚拟与真实摄像机运动参数保持高度一致,从而确保计算机生成的虚拟背景与前景关系的同步适配。虚拟背景和键控信号也被传送到色键合成,经延时后的前景信号与虚拟背景以相同时码进行工作,并通过色键控制实时合成视频信号输出、记录或直接播出。对于广播界来说,虚拟演播室可以节省节目制作的花费和时间,提高演播室的效率。对于电视节目制作人员来说,可以摆脱时间、空间及道具制作等方面的限制,在广泛的想象空间中进行自由创作。而对广大电视观众来说则大大提高了信息量和娱乐性。

互动电视将被动的电视收看体验变成真正的交互式体验,在接收复杂的用户命令的同时,可以按照受众的需求提供多种形式的媒体服务内容,主要有互动节目向导(也称为电子节目向导)、点播电视(可提供储存在头端视频服务器里的电影和其他节目)、互联网功能(包括电子邮件和网络浏览)、按需提供"珍藏"的内容(可以是互动电视业务提供者储存的信息或其他内容,并通过特定的网络提供给用户)、互动电视应用(如在收看比赛的时候允许受众选择不同的摄像机角度)、游戏功能(互动游戏和电视猜谜)、客户服务(电视银行以及其他服务)等。

互动电视可以划分为三种类型。第一类为视频节目的本身内容没有因为互动而影响剧情的进行,视频部分可能有超链接或其他链接形式,进入另一个数据流程。比如,在看电视剧时,如认为演员的服饰非常好看,就可以点击链接而进入购买环节。这一类中已包含了电子商务的概念和运作。第二类为电视节目在进行中受到互动影响,如一位歌手正在演唱,主持人会询问电视机前的受众要不要再来一个,受众便可通过交互功能,马上做出欢迎或者否定的表态,电视台的计算机系统可即刻处理受众表示同意和反对的数据,并随之将这些数据展现到电视上,由此形成与受众群体甚至全球范围内受众群体的互动,而不仅是与个人之间的互动。第三类互动形式为广播公司或者电视台同时发出多路信号,让受众自由选择,如直播现场架有5台摄像机,受众可随时选择不同机位所拍摄的图像,镜头的切换和操控权由导播手中转移到了受众手中。

互动电视是传统电视在电视概念的边缘的延伸,它并不是一种新的媒体,而只是一种新的传播形式。不过这种新形式必定会给电视行业带来巨大的变化,也将给电视行业带来新鲜血液。互动电视以其得天独厚的优势冲击着传统电视。首先,互动电视不仅仅是一个传播工具,它还具备网络所固有的互动性特点;其次,互动电视具有多媒体的特点,它具备全方位的立体传播机制,具有计算机、电视、个人数字助理、第三代移动电话等收看功能;最后,互动电视能提供个性化的服务,它一改传统电视节目"你播什么我看什么"的模式,将剧情的选择、发展的决定权交给电视受众,使受众运用遥控程序参与直播节目。

(一)互动电视的优势

互动电视可以实现对节目内容、收视时间、收视方式的自由选择,满足不同人的个性化需求,对于电视节目的制作和播出产生了深远的影响和一系列的效应。

1. 节目选择的自由

曾几何时,人们每个礼拜买回广播电视报之后,就会好好研究下下周电视节目的列表,并且在自己要看的电视节目上画上记号,以防忘记,并根据这个时间表,在规定的时间内观看节目,否则将错过自己想看的节目。而互动电视更像是一个超市,可以根据自己的喜好安排购物单以及购物时间,选择所要观看的电视节目。互动电视提供了关键词搜索的功能,可以在搜索的结果中挑出自己想要观看的电视节目,这样就不会错过自己想看的节目。而电视工作者则面临着新的挑战,由于互动电视内容多、传播速度快,每时每刻都需要有新鲜的东西,在制作内容上也存在大容量需求,互动电视向电视节目制作人员提出了一些新的要求,如必须充分考虑节目的深度、广度和再消费的可能性,同时对节目制作的精良程度也提出了更高的要求。

2. 观看时间的自由

传统电视"黄金时间"的概念,在互动电视中发生了质的转变。这一转变的实质是电视从点对面的传播走向了点对点的传播。观众可以在任意时间有选择地进行观看。

3. 收视方式的自由

曾经电视机是家中不可缺少的家电之一,收看电视也曾经是一种日常家庭式的收视行为。然而,随着互联网的使用与普及,这种家庭式的收视行为正在逐渐消失,取而代之的是更加个性化的收视习惯。比如,当父亲在电视机前观看新闻时,母亲却在另一个房间看着电视剧,而幼年子女则在自己的房间观看动画片。所以,一家人聚集在电视机前共同收看一个电视节目的情形日渐减少,而互动电视的出现可以满足人们的这种个性化收看的需求。

(二)互动电视的发展前景

在互联网成为现代家庭中的必备事物以前,电视是普通家庭接收信息的主要媒介,互联网技术的迅速发展促使了新媒体的出现,网络电视的诞生对于传统数字电视的运营造成了一定的冲击。数字电视的收视率呈逐年下降的趋势,越来越多的人喜欢使用网络观看视频。

1. 技术方面

4K超高清逐渐成熟,8K电视从概念层面逐步走向市场,"4K+5G+AP"将成为增强用户黏性的重要利器。4K超高清电视产业在2018年取得了巨大发展。4K超高清电视能够带给观众更优质的、沉浸式的视听体验,但技术升级带来的资金投入仍是巨大挑战。目前,我国许多省份仅完成了上星频道的高清化,大量地面频道还没有完成从标清到高清的升级过程。

国内4K电视的市场零售量份额在2017年就达到60%,我国在2020年就拥有全球最大的4K电视市场。在网络传输方面,5G技术的快速发展为内容传输提供了强有力的技术保障。中央广播电视总台已经与中国电信、中国移动、中国联通及华为公司共同签署框架协议,合作建设我国第一个基于 5G 技术的国家级新媒体平台。2019 年的春晚及全国两会转播时,基于 5G 网络的 4K 电视传输就开始测试。4K 电视生态正在成熟,8K 电视就已经被推入市场。2018 年已经出现了一大波 8K 电视,从 CES 到 IFA 展,不少电视厂商都展出了 8K 电视产品,8K 真正从概念层面走向市场。在 2020 年东京奥运会和 2022 年北京冬奥会中,8K 赛事转播走入消费者视野并大放异彩。

2. 内容方面

2019 年,全球人均每天花费在互联网上的时间(170.6 分钟)超过看电视的时间(170.3 分钟)。电视直播收视时长进一步萎缩,网民规模和上网时长稳中有升,可以预见,互联网驱动的节目跨平台、多渠道、碎片化的传播正在加速电视低收视率竞争时代的到来。荧屏中超级节目不再,爆款节目难寻,更多的电视节目开始从垂直细分领域谋求突围。电视剧的 IP 改编更趋向理性,现实题材将迎来繁荣,未来具有社会意义的都市题材剧仍是市场主力,将会出现更多垂直细分的家庭教育、反腐、刑侦、缉毒、军旅题材剧集类型。

3. 广告方面

流量广告进一步分化电视广告,直击产品交易的视频内容将赢得先机,抖音、快手、西瓜等短视频平台迅速崛起,头条、搜狐、微博、微信也逐渐向视频方面进行重心转移,传统电视产业视频将会寻找更多分发渠道。这些变化背后的核心是在移动流量资费全面下降后,移动内容整体正在趋于视频化。未来流量广告将进一步分化电视广告,更新、更完善的技术和算法正在渗入视频内容的推荐和相关场景营销的方方面面。视频内容的分发由"电视台编辑决定你看什么"的单一中心分发,发展为微信、微博社交带来的"你关心的人决定你看什么"的去中心化过程,现在更是以不断进化的"机器算法决定你看什么"为未来的发展方向,去中心化的"长尾理论"将让视频更能满足大众个体的细化需求。在未来视频流量的变现道路上,无论是传统电视视频平台,还是微博、抖音、快手等短视频内容平台,都将面临品牌广告投放增长趋缓,效果广告投放占比提升的趋势。在移动互联网没有现在这么普及之前,消费视频最多的载体是电视。视频的消费在时间和空间上都更加碎片化,消费的场景更加丰富,视频消费人群和消费场景都在发生变迁。这便要求随着愈加细化的消费场景,不断寻找打破圈层的方法,寻找更多新的广告增长点。未来将出现更多结合当地文化背景的视频,让产品和时间点从更细微的切入点产生联系,既可以实现大众的社交目的,又能完成最终的购买。

4. 产业链方面

传媒产业链将更加开放并面临重塑。相比简单依靠传统电视节目和互联网平台的线上视频收益回报,未来将出现更多注重线下沉浸体验的视频内容项目,而这其中的文化 IP 将成为新的文化消费创新形式。由于电视台和互联网平台的分账规则已经相对明确,单纯依靠版权收益已经接近天花板,而电视和互联网用户增长空间也将进一步缩小,竞争重点将会向线下倾斜,让线上和线下通过跨界衍生逐渐连为一体。通过线上做规模和流量,线下做跨界融合变现,偶像经济和文化娱乐IP 在未来将成为以精神消费升级、文化生活空间、体验业态为主导的商业形态。

5. 国际方面

中华文化国际影响力将进一步扩大。中国作为影视剧的生产大国和消费大国,影视内容产品和服务出口量却一直不大。在过去十年的时间里,大量的国外模式节目登陆中国荧屏,中国电视人不断消化吸收,积累了丰富的经验,并开始将自己创新研发的节目模式反向输出。2018 年,中国影视节目及电视媒体"出海"取得了不俗的成绩,国际化知名度进一步提升。2018 年 4 月,首场名为"WISDOM in CHINA"的中国原创节目模式推介会在法国戛纳电视节举行。包括《国家宝藏》《朗读者》《经典咏流传》《天籁之战》《声临其境》和《跨界歌王》等在内的九大中国原创节目模式亮相法国春季戛纳电视节,中国电视人首次以"原创节目模式"的名义集体发声于戛纳电视节的主舞台。除了影视节目模式的出海,电视媒体也在努力打造国际传播的新局面,从单个内容的走出去到传播平台的走出去,由点到面地让文化出海更具持续影响力。

二、数字电影

电影的历史已有百年之久,其每一次进步都源于科技的推动。当数字技术介入电影产业之后,是电影继无声变有声、黑白变彩色之后的第三次革命性变革,它使电影的制作方式、表现手法、运作方式、发行方式、播映方式等各方面都发生了革命性的变化。数字电影(Digital Cinema)是指以数字技术和设备摄制、制作、存储,并通过卫星、光纤、磁盘、光盘等物理媒体传送,将数字信号还原成符合电影技术标准的影像与声音,放映在银幕上的影视作品。完整的数字电影概念,是指将电影摄影、编辑和放映等过程全部用数字格式统一起来,即包含了电影制作工艺、制作方式、发行及播映方式上的全面数字化。

目前,数字电影有三种实现方式:一是计算机生成,二是用高清摄像机拍摄,三是用胶片摄影机拍摄。因此,数字电影的类型包括胶片拍摄并转换为数字形式存储放映的电影,也包括直接用数字设备拍摄和制作的全数字的电影,但后者的比重正在不断增加。电影数字化主要指电影制作的数字化,即计算机技术对前期创作、实际拍摄乃至后期制作在内的完整的工艺过程的全面介入。比如,在前期创作中通过计算机辅助系统,对未来影片的场景、情节、画面等进行模拟设计及效果预演,以便找出最佳的叙事技巧和创造具有视觉冲击力的方案。又比如,在实际拍摄中通过计算机控制技术,完成某些用传统方法无法完成的拍摄。再比如,在后期制作中运用计算机对影像和声音进行加工处理,把实拍素材和计算机图像合成在一起,乃至在计算机上自由方便地编辑影片。相对于传统的胶片电影,数字电影在技术、发行与放映上有着巨大的优势,它将逐渐取代胶片电影,成为电影制作、发行的主流。

数字电影最大限度地解决了电影制作和发行过程中的损失问题，数字技术避免了传统电影从原始拍摄的素材到拷贝，经过多次翻制及电影放映多次后出现的画面、声带划伤，即使反复放映也丝毫不会影响音画质量。数字电影的非线性剪辑技术可使素材寻找便捷，特效添加方便。另外，数字技术营造出的虚拟空间和合成景象，都是普通电影在制作手段中无法展示的，且成本低、效率高。

目前，电影小程序、短视频等成为线上电影宣发新主流；看电影成为全民娱乐消费行为；电影导演、新制作公司与互联网平台合作积极性较为明显，有力地推动了电影新势力的崛起。以上这三点已成为电影行业的新特点。

第三节　网络游戏应用

游戏历来是社会各个文明时期的一部分。不容置疑的是，游戏在当今的信息社会得到了进一步的发展，出现了电子游戏，而数字媒体技术又将各式各样的数字电子游戏带到了每个拥有电视机、个人计算机、手机及其他数字终端设备的玩家手里，成为一种新的具有特别吸引力和参与性的大众娱乐媒体。

从街机到 PC，从视频游戏到网络游戏，电子游戏产业经历了多年的发展历史，随着软件和硬件的不断升级换代，游戏模式无论是竞技性还是观赏性，都取得了长足的发展，已经开始取代电影而成为娱乐业的领主。数字游戏既是一种全新的媒体，又是拥有巨大能量的文化传播工具，已成为一种颇具特色的新型媒体方式，在数字娱乐中占据着极其重要的地位。数字游戏就是采用数字技术实现的电子游戏，其主要包括视频游戏、计算机游戏、网络游戏和手机游戏等。随着数字媒体技术的发展，数字游戏在功能与模式、游戏题材等方面已经开始相互移植和融合，特别是在技术上的互通性越来越显著。数字游戏按游戏内容与风格进行分类，可以分为动作类游戏（ACT）、策略游戏（RTS）、角色扮演游戏（RPG）、运动游戏（SPT）、模拟游戏（SLG 或 SIM）、冒险游戏（AVG）等。随着技术的进步，模拟现实的能力越来越强，游戏的风格类型也越来越丰富。

近年来，随着互联网、移动互联网技术的兴起和快速发展，互联网的基础设施越来越完善，互联网用户规模迅速增长。受益于整个互联网产业的爆炸式增长，我国网络游戏产业呈现出飞速发展的态势，网络游戏整体用户规模持续扩大。

目前，网络游戏行业的发展特点有以下几点：

一、网游竞技化成为趋势

随着社会节奏的不断加快，导致玩家游戏时间碎片化，需花费大量时间精力的MMO 网游对玩家的吸引力大大降低。大量玩家转向了持续时间短、竞技性强的电竞网络游戏，网络游戏竞技化已成为行业未来发展的趋势以及一个新的经济增长点。客户端电子竞技市场已经进入成熟期，电子竞技生态逐渐形成。另外，移动电子竞技快速发展，已成为电子竞技市场增长的主要推动力。《王者荣耀》等移动电子竞技产品的爆发，预示着移动电子竞技时代的到来。

二、泛 IP 化运营开启市场新机遇

近年来国内 IP 行业发展迅速，"大 IP"概念开始兴起。因此，以优质 IP 资源为核心，创造优质内容并广泛传播的动漫、游戏等具有广阔的发展前景。对于游戏厂商来说，一方面，游戏开发企业可以通过 IP 本身所积累的大量粉丝转化为游戏的用户，提升运营效率。IP 改编的游戏产品下载转换率是其他游戏产品的 2.4 倍，IP 改编的游戏产品的整体收入是其他游戏产品收入的 2 倍。另一方面，IP 具备很好的延展性，可与多个领域结合，而使企业获得规模效应。影游联动就是一种典型方式，游戏借影视播放热度、明星、剧情，降低游戏运营成本，打破 IP 困局，增加用户边际收益；影视也可借助游戏奠定受众基础，提升 IP 品牌价值。一款优质 IP，可以通过影视和游戏两条产业链获取多重价值，还可以借助影视、游戏的品牌和粉

丝互动,产生"1+1>2"的效益。

三、行业集中度提升

资本大潮涌入带动国内网络游戏迅速崛起的同时也催生出大量泡沫。一方面,众多小团队成立,同质化加剧,市场出现产能过剩、供过于求的局面。另一方面,随着新用户增速下降,收入向巨头聚集,产品死亡率提升,市场进入存量竞争阶段。在市场竞争日益激烈的情况下,中小型企业由于在资金、用户、产品等方面无法形成规模效应,综合运营实力欠佳,可持续发展能力较弱,生存空间将受到较大限制。此外,大型厂商凭借强大的研发能力、丰富的发行渠道等优势,囤积大量IP,进一步挤压着中小创业者和新进入者的生存空间。目前,一些中小型网络游戏企业正在逐步淡出竞争激烈的运营市场,转向研发、外包等领域,以中小型研发企业为目标的兼并收购案例在不断增多,网络游戏行业将面临整合趋势,市场集中度将进一步提高。

四、企业出口海外的游戏产品保持稳定增长

随着国内移动游戏人口红利逐渐消失,行业集中度提升,中小型游戏公司面临巨大的生存压力。行业内"不出海便出局"成为共识,众多网络游戏公司开始寻求更为"蓝海"的国外市场,企业出口海外的游戏产品保持稳定增长。其中,国内现象级作品《阴阳师》输出到了它的文化发祥地——日本,正式上线的第一天,在日本 App Store 和 Google Play 上 24 小时内便登顶免费榜 TOP 1。此外,游族网络的《狂暴之翼》、壳木软件的《战火与秩序》、IGG 的《王国纪元》均在海外市场中取得了亮眼的成绩。

五、二次元 IP 游戏发展迅速

随着二次元文化影响的日益增大,我国二次元用户不断增多,包含二次元网络游戏在内的二次元文化产业显示出巨大的发展潜力。二次元网络游戏,作为二次

元行业最易变现的环节,也是诸多游戏厂商追逐的细分领域。游戏开发企业可通过二次元 IP 本身所积累的大量粉丝转化为游戏的用户,从而挖掘出 IP 的衍生价值。随着厂商的成熟化、产品的创新化及类型的多元化,未来将出现更多优质的二次元 IP 手游,推动我国二次元移动游戏行业进一步发展。

第四节　数字广告应用

随着数字经济的迅速发展,全球数字广告领域支出不断扩大。数字广告就是借助于数字媒体技术以数字媒体为载体来传播与发布经营性信息。数字广告与传统广告形式一样,在任何一种媒体平台上都会出现形形色色的经营性广告,比如在互联网上有网络广告,无线和移动媒体上有无线广告,数字广播中又有音频和视频广告等。并且所有的数字广告都充分利用了各种最新的数字新媒体技术和传播平台,不仅在广告的形式上不断创新,同时也赋予了广告更多的交互性、实时性和针对性的特点。

从目前广泛应用的数字广告形式来看,根据数字广告所依托的数字新媒体服务平台,其主要的形态可以分为以下几种。

一、网络广告

网络广告是指在互联网上发布以数字代码为载体的经营性广告,它是利用一些受众密集或者有特征的网站摆放商业信息,并设置链接到目标网页的过程。网络广告的载体基本上是多媒体、超文本格式的文件,受众对感兴趣的产品仅需轻轻按鼠标就能进一步了解更为详细的信息,体验产品与服务。网络广告主要包括网幅广告、赞助广告、文本链接广告、电子邮件广告、富媒体广告等。网络广告具有覆盖面广、互动性强、实时性高等特点,且可以对广告效果进行精确的统计。

二、数字电视广告

数字电视广告就是数字化了的电视广告。数字电视广告在实际应用中有各种各样的表现形式,归纳起来可以分为两类:一是与传统电视广告一样的表现形式,只是采用了数字格式的广告;二是数字化的具有不同程度的交互性的互动电视广告。互动电视广告是一种新型的广告媒体,融合了传统电视广告具有良好视觉冲击力的特性及网络广告的互动性的特性。互动电视广告的实现必须借助已经建立的相应的互动电视平台。

三、虚拟广告

虚拟广告是把计算机生成的虚拟图形无缝叠加在真实画面上的一种广告技术,可以播放经营性信息的动画和活动视频等,比如采用虚拟演播室技术就可以在正常播出的画面中局部添加和替换上广告动画或各种标志等。虚拟广告主要用于各类体育比赛的视频实况转播,看上去似乎很像赛场中的户外广告,但没有真实的可以依托的媒介物,而是由计算机生成的虚拟图形,来替换真实图像中不同的元素。

虚拟广告的优点主要有:在对不同的地区进行转播时,可插入不同的广告,增强广告的有效性,提高资源的利用率;将插入的虚拟广告制成动画形式,二维或三维的动画广告更能吸引受众的注意力;广告位置不局限于场地的边缘,也减小了广告尺寸的限制;虚拟广告可插入以前无法利用的空间,如草坪、水面、沙滩、雪地等地方。

四、移动手机广告

移动手机广告是借助于无线和移动网络所进行的经营性信息的传递与发布。无线广告协会(WAA)发布了一系列无线广告标准,比如针对 SMS、WAP、GSM 和 PDA 等的无线广告标准。无线广告充分利用了无线数字新媒体的便捷性、实时性、交互性、灵活性的优势,拥有庞大的和个性化的受众,具有直达性等特点。

随着移动端手机用户普及率的不断提升,移动端广告收入规模占比上升明显,人们在移动端各平台登录时间的不断增长,其广告投放规模将会进一步提升。

五、游戏广告

随着游戏爱好者数量的激增,游戏广告这一新媒体营销形式引起了广告商的关注。越来越多的植入式广告出现在游戏内,如广告牌、饮料瓶等。游戏广告就是以数字游戏的数字新媒体服务平台作为载体,在游戏的进程中嵌入一系列文字、图片、视频等广告信息,也就是将广告信息融入集成了丰富的音乐、动画和视频的数字游戏中去。

第五节　数字出版应用

书籍、期刊、报纸等传统出版物,都是以纸为介质的"无声读物",要经过制作、装订、运输、发行,最后送到读者手中。随着数字媒体技术的迅猛发展,数字出版应运而生,这种全新的信息传播方式具有信息容量大、形式多样、高效便捷、灵活互动等优势。同时数字出版融合多种出版形态,还可以将内容与服务融合,从而形成融媒体出版的新格局。

数字出版包括了两层含义:一是指在传统出版过程中采用数字技术,即在出版流程中的各个环节采用数字化的工艺、技术和设备,但最终的产品依旧是平面的、单媒体的、以纸为媒介的印刷物;二是完全意义上的数字出版,是指在出版的整个过程中,从编辑、制作到发行,所有信息都以数字形式储存于光、磁等介质中,信息的处理与传递必须借助计算机等数字设备来进行的一种出版形式。

一、数字出版的形态

数字出版首先是内容数字化,其借助数字媒体技术进行制作,除文本和图像外,还包括动画、音乐、影视等多种媒体的综合运用。先进的数字技术可以把各种多媒体格式转换成一种格式,从而实现内容的无缝连接与整合。出版物的载体已由单一的纸质载体发展为纸、磁、光、电多种载体,可将文字、图形、声音、图像等以数字方式储存在磁、光、电介质上,具有交互性强、信息量大且检索快捷、携带方便的特点,扩展了信息处理和传播的空间。随着载体形式多样化的发展,比如网络出版等,出现了按需出版、视频点播等信息服务模式,以满足受众的个性化需求。

数字出版物是出版与先进科学技术相结合的产物,以大量的、动态的、多元的、立体的传播方式突破了传统出版物平面、静态的信息传播。

(一)软件出版物

软件出版主要包括一些教学应用软件和多媒体课件与游戏软件等,也包括以VCD、CD、DVD为主要载体的数字音像制品和以CD-ROM等为载体的多媒体电子出版物。光盘的特点是容量大,可以融文字、图像、声音于一体。越来越多的出版社、报社和杂志社开始把光盘作为重要的出版产品以适应读者的需要。一种是将已出版的报刊物的内容制作成光盘,类似于过去出版的合订本;另一种是随书籍附送光盘,这在IT类书籍中很普遍,光盘中通常是一些软件、视频教程或者素材等。

(二)电子图书

电子图书(eBook)是以数字形式存储图书的文字、图片、声像等信息内容,通过互联网、软盘、光盘或者其他网络出版及发行的"书"。

有时也把专门对类似于图书开本大小的各种形式的电子图书专用数字阅读设备称为"电子书"。其功能上相当于一个简单的个人计算机。人们可以不受时间、地点的限制从网上下载图书、查找资料,同时支持数据存储卡和光盘,功能齐全而且体积小,便于携带。

电子图书具有信息量大、使用方便、可复制与查找便捷和节约资源、保护环境等特点。电子图书的出版发行完全摒弃了传统图书一系列复杂的工艺过程。同时，还可以以多种方式出版发行，不但能通过 CD–ROM 单行版形式出版发行，还能通过联机数据库出版发行，网络的销售平台不仅省却了图书交易销售的商流、物流过程，而且不受时间、地域的限制，甚至可以在全世界范围内流通，使图书的发行传播更为迅速，是一种新的出版发行方式。

（三）数字期刊

数字期刊，又被称为"电子期刊、网络杂志、互动杂志、多媒体杂志"等，是数字技术发展到一定阶段的产物。其特点在于采用先进的 P2P 技术发行，集 Flash 动画、视频短片和背景音乐、声音，甚至 3D 特效等各种效果于一体，内容更加丰富生动。它提供多种多样的阅读模式，可在线或离线阅读，直接打开网页进行阅读等，也可通过发行方提供的阅读器进行阅读。数字杂志延展性强，未来可移植入 PDA、手机及数字电视机顶盒等多种个人终端进行阅读。值得注意的是，数字杂志并不是传统杂志和网络平台的简单相加，它是一种全新的媒体架构，有着独特的、完善的制作、发行和盈利模式。

（四）数字报纸

数字报纸就是将报纸数字化处理后提供给读者使用，把多期报纸的内容制作成光盘发行的一种形式，当然其主流还是网络报纸。就我国来说，网络报纸还是新生事物，处于初期的发展阶段，大多数网络报纸仅仅是将纸版报纸的内容搬到网上。而国外的一些数字报纸不仅包括纸版报纸的内容，还新增了许多链接，为读者提供更为丰富的信息，甚至有些国家已经开始出现脱离纸版报纸的内容和形式，形成完全独立的电子报纸。

（五）按需出版

按需出版（POD）的前提是按需印刷技术。按需印刷是按需出版重要的技术和服务基础,为按需出版模式的形成和发展奠定了坚实的基础,按需印刷技术是在数字信息远距离传输和高密度储存的基础上将已经数字化的书稿按照客户在数量、内容等方面的订购要求,高速、直接地在激光打印机上印刷,并结合自动装订机装订成读者可以阅读的纸本。这种以数字印刷技术为核心的全新的印刷模式突破了传统印刷中因早期的制版过程复杂和投入成本较大而可能导致的种种弊端,不仅能使绝版刊、脱销书重见天日,而且开创了印刷数量无论大小,平均成本并无显著差异的小批量印刷的新领域,真正做到一册起印,即需即印。它突破了传统模式的印数限制,印量较少时,制作成本比传统印刷的费用大大降低。

近年来,按需印刷在发达国家发展迅速,在美国许多大的图书批发商与连锁书店签约合作,提供 POD 服务,在书店安装 POD 设备,就可以根据读者的需求当场打印出他们要的图书。按需出版为出版业增添了一种灵活的出版运作模式,它结合了出版单位、著作权人、发行商及读者的不同需求,符合各方的利益,是对传统出版方式有益的补充和发展。当然按需出版也有它自己的发展瓶颈:数字化设备还没有完全普及;按需出版服务的运行成本较高,导致了它的书价高于普通书刊的价格;可供实现按需出版的全数字化资源比较匮乏。由于按需出版的服务体系尚不完善,它的市场潜力和需求量有限,使得它的真正优势还未充分体现出来。

(六)数据库出版

数据库出版就是利用信息可以再加工的特点,利用出版社已有的信息资源进行提炼,加工成新的出版物。这种出版方式更为灵活和便健,数据库中的资料可以直接打印,也可以发到网上,由于都是采用了数字化的处理方式,因此从数据的入库、数据储存到设计制作、输出印刷都可以在异地进行。另外,出版社还可以在自己的网站上建立分类信息、查询窗口以便于查询和更新。读者只需要直接访问数据库的站点,查询所需内容,经过电子付费获得使用权限后便可以下载使用了。数据库大概可以分成两类:一类是传统出版形态与数据库的结合,如报刊全文数据库;另一类就是以数字出版形式出现的,包括书目数据库、全文数据库、事实型数据库和多媒体数据库。

二、我国数字出版的现状与发展趋势

(一)我国数字出版的现状

1. 新兴板块持续发力

移动出版依然是数字出版的重要发展方向,具有雄厚的发展潜力,在线教育作为数字教育出版最为活跃的部分,经过激烈的市场竞争,资源趋向集中化,马太效应初显;网络游戏虽然受到一些家长、教师等的质疑,但是仍然有较大的市场;网络动漫经过多年的探索与坚持,深受资本追逐,继续保持快速发展态势。

2. 数字化转型升级更加深化

传统出版单位转型升级、融合发展迈上新台阶。中国科技出版集团持续深入推进向"知识服务"的转型,加大对学科知识库、医疗健康大数据、数字教育服务三大业务的投入。科学文库、中科医库平台、中科云教育平台、医学网等数字产品已取得销售收入,集团自主研发的按需印刷(POD)智能化生产平台已为企业带来了经济效益;中国科技期刊全流程数字出版与国际化传播平台投入使用并取得了良好的社会效益。人民卫生出版社《创伤与急诊电子杂志》开设新技术探索栏目,在期刊移动端App,点击进入AR识别界面,将移动终端的后置摄像头取景框对准期刊导读本或数字出版内容中的图片,即可快速识别,并在手机屏幕上观看清晰立体的图像,为读者带来更加直观的阅读体验,是期刊出版在内容与技术相结合方面的一次积极探索。

3. 网络文学进一步规范化、精品化

网络文学保持良好发展态势,与网络文学相关的政策法规体系也日趋健全。对原创网络文学网站和网络文学阅读平台的单位实施社会效益评估,网络文学出版服务单位要做到始终把社会效益放在首位,实现社会效益和经济效益相统一。

从阅评方法与要求、阅评工作管理、专家组成与职责、保障措施等方面,对网络文学阅评工作做出具体规定。

4. 数字教育出版市场布局渐趋完整

"互联网 + 教育"成为国家教育事业的重要抓手,为数字教育出版带来发展机遇和空间。随着教育出版转型升级、融合发展渐趋深入,数字教育出版发展模式日趋多元,多家出版单位基于自身优势,在学前教育、基础教育、高等教育、职业教育、在线培训等领域探索数字教育发展路径,布局数字教育产品市场。特别是基础教育领域,基于课前、课中、课后不同场景,围绕教程、教辅、测试、作业各类内容的数字教育产品日益丰富。

5. 知识服务全面推进

国家知识服务体系建设加快。原国家新闻出版广电总局批准筹建"知识资源服务中心",并启动专业数字内容资源知识服务模式试点工作,知识付费市场竞争日益激烈,新产品不断推出,知识付费形态与模式基本成熟。现阶段,较为多见并在运营方面已较为成熟的知识付费模式包括:知识电商类、社区直播类、讲座课程类、内容打赏类、线下咨询类、第三方支付工具、付费文档类等。知识付费平台的行业格局也初步形成。知乎 live、分答、得到、喜马拉雅 FM 等作为知识付费的先行者,也已成为行业的佼佼者,在行、知识星球、微博问答等也凭借自身特点,实现了用户积累。传统出版单位也跻身知识付费中来,如《三联生活周刊》围绕自身期刊品牌特色,打造的知识付费产品"中读",以碎片化时代的深度阅读方式,获得了良好的市场反响。

(二)我国数字出版的发展趋势

1. 内容为王的时代来临

在移动互联网时代,内容是海量的,并且还处于快速增长状态。用户的选择越来越多,面对选择时的自主意识也会不断提升。而在信息过剩的环境之下,优质内容,特别是优质的原创内容就变得尤为珍贵。但互联网平台过于依赖算法,提供的大量内容往往不是优质的,而是低质的甚至是低俗的,这引发了从业者的审视与反思。有越来越多的数字出版工作者在"娱乐至死"的年代,开始反思数字出版的责任与担当,这不仅仅是出于政策层面上的考量,也是文化生产者、传播者责任意识的觉醒,更是读者在内容超载环境下对优质内容的强烈诉求。数字出版在经过了技术为王、平台为王、渠道为王、点击为王、流量为王等之后,回到了内容为王的时代。

2. 内容生产创作渐趋专业化

随着互联网内容创业者的生存压力日益加大,行业竞争日益加剧,由此对优质内容的持续供给能力和稳定变现能力提出了更高要求。当下,很多内容创业者都面临着流量红利消耗殆尽、品牌价值提升和变现困难等发展瓶颈。此时,MCN模式应运而生,并逐渐迈向成熟。所谓 MCN,是 Multi-Channel Network(多频道网络)的简称,发源于美国视频网站 YouTube,将 PGC 或 PUGC 内容联合起来,在资本的支持下,保证内容的持续输出,从而实现稳定变现。过去一年来,各领域 MCN机构不断涌现,同时,越来越多的互联网企业和媒体平台从对内容创作者的扶持,转而加大对 MCN 机构的扶持,以微信、微博为代表的社交媒体平台,以腾讯视频、优酷等为代表的视频平台,以美拍、快手等为代表的短视频平台,以腾讯新闻、今日头条等为代表的新闻资讯平台,与花椒、映客等为代表的直播平台在构建内容生态的过程中,都从直接对内容创作者的聚集,逐渐转变为对 MCN 机构的聚集。

3. 知识变现方式将更加多元

用户对知识付费产品的选择将更加理性,源于对自身需求的认知更加清晰,由此倒逼知识付费产品的内容和服务加速升级,也进一步加剧知识付费行业的优胜劣汰,对知识付费产品的内容和服务能力提出了更高的要求。知识付费的行业门槛将不断提高,产品的评价体系逐步建立。一些行业领先产品或将要或者正在面临活跃用户增长的瓶颈,这会促使一些先期参与者离场,同时也将催生更多围绕"知识"变现的新尝试。知识付费的概念将不断拓展,从知识付费迈向知识服务的更高层面。

4. 资本驱动 IP 价值潜能充分释放

上海、广东、浙江等地纷纷设立了文化产业政府引导基金,以资本力量撬动文化市场。文化产业投融资体系日臻完善,文化金融价值链条初步形成。IP 是重要的投资领域。随着 IP 浪潮的持续发展,有力提升了产业价值,版权资产成为文化产业的核心资产,文化产权交易平台和文化产权交易机构纷纷涌现,提供文化产权交易、项目推介、投资引导、项目融资、权益评估等服务,对资产与资本的有效对接起到重要作用。建立完整的 IP 评估指标体系和评估方法体系,既是文化企业实现社会效益与经济效益相统一的必然要求,也是壮大版权产业、推进文化产业持续发展的迫切需求。IP 作为重要的无形资产,通过有效运营管理,能够实现版权资产与资本的高效、精准对接,并使其潜在价值得以充分发掘和释放。

5. 新型园区建设赋能数字内容产业

近年来,国家大力推动特色小镇建设,各部委、地方政府密集出台相关政策,支持特色小镇工作,特色小镇已进入从国家层面向全国推广的新阶段。国家新闻出版产业特色小镇包括阅读小镇、书香小镇、音乐小镇、动漫小镇、游戏小镇、IP 小镇等特色文化小镇。基地创建的指导思想、基本原则、职责和条件、工作任务、工作程序、激励机制等,为新闻出版产业特色小镇建设提供了政策依据和基本思路,有助于加快推进新闻出版产业特色小镇建设发展。特色小镇的建设可以充分挖掘地方文化内涵,围绕网络文学、网络游戏、网络动漫等新兴文化业态,基于文化 IP,运用现代科技,深度挖掘文化元素,并与地方旅游业、商业、服务业等领域深度融合,将充分激发文化产业内在潜能,构建文化产业生态系统,让其焕发更大生命力。

第六节　数字网络社区应用

网络社区具有双重界定,其中一重界定的网络社区是着眼于现代社区建设中的物质标志,表明特定社区建设中所应具备的网络信息设备及网络信息使用等各种指标情况。另一重界定的网络社区是着眼于跨越时间和地域限制的网络空间的形成,表明网络信息沟通对人类社会生活所产生的广泛影响,为了便于区分,现将其称之为"数字网络社区"。数字网络社区这种基于社会信息化客观过程的网络社区的形成,表明了人类社区形态的演变不再仅仅是自然、人口、生产、地缘等因素的综合作用的结果了。

在数字网络社区环境中,人们之间的信息关系和信息交流,既满足人们在实体社区从事物质生产、精神生产对各种知识、信息的需要,也满足人们在网络气氛中对自身兴趣聚集和交流的追求。因而,网络社区通过信息流通聚集着人群,并产生多种多样的聚集结果,对人们的社会生活会产生不可估量的影响。目前,在世界范围内网络社区形成的事实已经表明,网络社区所具有的信息功能及其聚集效应,不仅刺激着经济增长,而且改变着民众参与政治的方式和社会文化发展的结构。

一、数字网络社区的特征

从社会学角度看,一个社区的形成至少应该具备两个方面的条件:一是需要有一种能够支撑共同体内群体社会生活的物质条件,如一定的空间区域、自然生态环境等;二是不同的人们愿意相互依赖,并在共同参与建设中产生持续的社会互动。这是任何社会生活共同体得以形成和发展的主客观方面的要素。实际上,数字网络社区的形成也基于这两方面的因素:由"人机关系"引发的内在需求和网络与网络技术创造的外在的物质条件。

网络技术的飞速发展奠定了人们共同开拓和经营网上生活的物质基础,也为满足人类自身的需求提供了技术条件。网络既克服了时间障碍，又消除了地理局限。它提供了人们"以网为缘"的各种可能性。网络整合了信息传输与反馈，也重新整合了人与物质、技术的关系。因而，它使现实社会的人们超越地理限制去营造电子社区成为可能。

实际上，在现在的 Web 形式网络社区流行之前，使用 telnet 协议的 BBS 和 MUD 游戏等已经具有网络社区的部分功能，只是在信息的表达方式上比较单一而已。BBS、MUD 的设计思想和使用方式也对现在的网络社区产生了很大的影响，以网易社区为例，除了使用浏览器代替虚拟终端，一切与传统的 BBS 都极其相似。

数字网络社区系统可以认为是一种基于 Browser/Serve 结构的 Web 应用系统，整个系统可分成数据存储、功能处理和显示输出三个层次，这与其他的 Web 应用系统类似。用户信息是虚拟社区系统中必不可少的数据，系统实现的各项功能都要使用用户信息管理功能。此外，各个功能模块也会有自己的数据。在具体的处理逻辑上，各个功能模块是分离的，但在显示输出这一层次上则有可能出现交叉的情况，比如，同一页面上有多个功能模块的输出结果。数字网络社区具有以下基本特征。

（一）虚实结合的虚拟性

由于网络社区得以形成的基础性平台只是一种虚拟的网络空间，也没有明确的地域观念，社区成员的互动以电子交互方式实现。因此，虚拟性成为网络社区与人类现实的以聚落作为自己依托或物质载体的社区之间的重要区别。正是在这个意义上，数字网络社区又被称为"虚拟社区"。网络社会具有虚拟性，但同时也是"真实"的社会，它的产生、形成和发展，拓展了人类生存与发展的空间，并给人类提供了生存与发展方式的多样性选择。

（二）跨地域性

在横向上，国家间、地区间的距离因网络社区的互联而不复存在；在纵向上，历史、种族、信仰将被逐渐淡化,不同文化背景、不同语言的人们能够聚集在一起实时地、"面对面"地互动。这不仅减少了人际交往和信息获取的成本,也延伸了人类活动的范围,网络社区的跨地域性是它与现实社区最重要的区别之一。数字网络社区跨地域性有两层含义:一是指进入社区的人们可以跨越地理位置的限制;二是指其自身形态不具备区位性特征,人们能够从网络社区进入整个网络世界。

(三)功能结构的独特性

传统社区一般包含着血缘、地缘和业缘三种要素,而网络社区由"网缘"而生。人们通过网络,根据自身的兴趣、偏好和价值取向交换信息、传导知识、宣泄情感。这种"因网结缘"和"以网结缘"的联系与连接方式,就是"网缘"。

"网缘"是当今传媒使用频度很高的概念,也是网络社区赖以构成的基本因素。网络不会把人们捆绑在一起,只会让人们根据文化的、政治的或经济的共同性,根据各自的心理需求、价值观等,自由地组合在一起。网络社区中的成员没有现实意义上的共居地,但对某些社区而言,却有标志明显的成员感和归属感。网络社区中,其成员仅仅是依据"网缘"这种高度自由的投票表决机制相互联结,既无明确的核心,也无严格的等级关系和核心权威,其结构表现为薄平化的网状与块状结构。同时,网络社区因"网缘"的作用而使其社区成员拥有较大选择余地,使网络社区在其功能上更着重地表现出专业性和单一性。

(四)人群的频繁流动性

网络社区具有论坛、聊天、学习、娱乐、购物等多种功能,人们完全可以根据自己的需要在不同的社区间自由流动。网络的互联性和开放性使任何一个网上社区成员自主性流动的权利大于他在现实社区的权利,从而形成网络社区人群的频繁流动性。网络社区人员流动虽然表面上无序,但它仍然受到各个网络社区规范和多种语言运用能力的限制,同时还受到国家、政府安全需要的各种限制等。

二、数字网络社区的形态与功能

数字网络社区的常备形态与功能主要有以下几种。

(一)电子布告栏

BBS(Bulletin Board System)是电子公告板系统的简称。它是社区成员交流思想、答疑解惑、建立新型互动关系的场所。在 BBS 中,用户可以在各个特定主题的讨论区内,针对主题张贴相关的意见或问题,寻求他人的答复或帮助,并借此引起讨论或激发其他人的参与。

在一般情况下,每个 BBS 都有很多不同的讨论区,每个讨论区称为一个版,版的管理者称为版主。除了分类讨论区,BBS 系统还可以聊天、留言、自动转信、进行网上创作等。

(二)个人电子信箱

E-mail 是通过互联网发出和接收电子邮件的。它是人们使用互联网进行信息传播的主要途径。与传统邮政传送相比,它更快而且价格低廉;它可以传播除文本形式外的几乎所有形式的计算机数据,如二进制文件、声音、图像等。它是电子社区与内部和外部发生联系的重要"驿站"。

(三)新闻组

新闻组(Newsgroup)是社区成员获取信息的非常直接有效的工具。它在本质上是一个全交互式电子论坛。不同时间、不同地点上网的任何人都可以通过它进行非常直接的对话和交流。它不仅放大了个人或几个人之间的交往环境,而且为成千上万的人参与讨论一个共同关心的问题提供了可能和条件。人们可以随时发表自己的意见,补充修改别人的观点,也不必担心自己关心的问题没有人回答。从理论上讲,任何人都可以组织一次讨论,甚至主持一个论坛。另外,新闻组与 BBS 虽类似,但它比 BBS 优越的地方是能夹带图片和附件。

（四）在线聊天室

几乎所有的网络社区都设有"聊天室"（Chat Room）。社区成员可以实时与线上的朋友对话，完全不受地域和时间的限制。网上聊天就像在现实社会开一个电话会，不同的是人们交流的方式是输入各种符号而不是说话。这其中包含着交流的延时性现象，从而使交流更加广泛和深入。这一功能为社区成员张扬自我、与他人建立联系、扩大交际圈提供了条件。聊天室与BBS相比，不仅使得社区成员交往的随意性更大，而且居民不需要注册就可以发表言论。由于这一特点，许多社区还允许居民开设私人空间，为进行一对一的谈话提供条件与环境，甚至有的社区还为社区成员设计了动画聊天的界面等，从而使人际互动环境更具有真实性。

（五）群组

群组是在BBS的基础上，伴随着Web3.0用户参与概念的普及而产生的一种新网络应用。群组的创建、加入、管理都由用户自己做主，超越了BBS由版主"一统天下"，网友只能以看客自居的情况。同时，群组的数量是无限的，任何一个主题都可以找到其所属的群组，相同志趣的人总会相会，需要的只是相互发现。

数字网络社区除具有分享信息、扩大交往的功能外，还像现实社区一样提供丰富多彩的社区服务。社区一般设有几个甚至十几个服务版块，其内容涉及人们生活的方方面面。而现在群组已经向社群进行演化，更多的用户通过微博、微信、QQ群等寻找志同道合的人。

第七章　互联网时代背景下新媒体绿色营销

第一节　绿色营销模式

一、绿色营销基本流程

绿色营销流程是绿色营销活动内容与顺序的反映,分析绿色营销基本流程对于方便营销经理人员把握其工作要点与顺序非常重要。由于绿色营销过程已经突破了企业本身的生产和销售过程,绿色产品的价值链延伸到了资源与环境领域和社会公众的行为决策之中,绿色营销过程从本质上看是绿色营销系统内的各种主体相互配合、相互支持、共同铸造绿色价值链并有效满足绿色需求的过程。因此,从绿色价值链的形成与巩固角度分析,绿色营销流程可以分为以下六个环节。

（一）绿色需求的识别——绿色价值发现与认知过程

绿色需求是市场需求的一种,是特定条件下社会对某种绿色产品或服务所具有的购买能力的总和。与一般的市场需求相比较,它具有以下几个特征。

1. 绿色需求的公共性

一方面,绿色需求的安全、健康和环保等属性决定了这种需求的公共性,即社会成员一部分人的需求满足不会影响到其他人对安全、健康和环保的需求满足。有的营销学者据此将绿色产品视为一种准公共产品。另一方面,当社会经济文化发展到一定阶段时,绿色需求的出现具有普遍性和公众性。例如,一个地区的环境受到污染而对人们的健康或生命安全构成威胁时,该地区的所有居民都会希望企业实施绿色营销,提供绿色产品或服务。显然,绿色需求的有效满足依靠单个企业的绿色营销是不可能的,必须在政府的引导下,社会公众的监督下,全体企业的共同努力下,才有可能向社会提供真正的绿色产品或服务。

2. 绿色需求的知识性

绿色需求的具体内涵非常隐蔽,一般的手段和方法,难以揭示清楚,需要依靠专业人员才能明确。例如,绿色农产品的需求,到底重点在营养、健康和无污染的哪一个指标上;每一个指标达到什么标准才是合理的,科学的。离开了营养学家、生命科学家和生态学家是很难确定的。因此,这种需求的产生往往和相关的专业密切相关。没有相关知识的消费群体也很难有实际的绿色需求,因为他们甚至不相信绿色产品的存在。

3. 绿色需求是一种理性需求

绿色需求的专业性和知识性决定了绿色需求不会盲目的产生,一般经历了众多参与者或相关者的辨识与确认,也经过了众多行为主体博弈与决策过程,因此它是一种理性程度很高的市场需求。例如,对公众来说,何种绿色需求才能让消费者和企业接受? 对企业来说,什么样的绿色技术、资源和环境才能满足绿色产品的生产,才能采购? 对政府来说,什么样的环境生态标准才能符合企业的技术状态,什么样的绿色产品与服务标准才能被企业和消费者接受,才能推动绿色经济的发展? 以上问题都不是任何一个主体或参与者单方面能够决定的,需要经过相互间的沟通、博弈和决策才能决定。

4. 绿色需求是一种高层次需求

绿色需求的满足关系人类的健康和生活质量的提升,所对应的需求大多集中在安全、情感、尊重和自我价值实现等层面,相对于普通产品而言,消费者的要求更高一些。因此,无论是哪一种市场主体,达不到某种地位与境界是不可能产生绿色需求的。

从企业角度也可以看出:为什么今天我国仍有一些企业不愿意实施绿色营销,

进行绿色采购,可能的原因是它们中的绝大多数还没有很好的自我生存和自我发展的能力,市场竞争力尤其是国际市场竞争力非常差,很难产生绿色营销的需求。

5. 绿色需求具有多样性与差异性

从理论上说,消费者的所有原始需求在今天日益严重的生态危机面前都有绿化成为绿色需求的可能。例如,满足消费者生理机能和生命延续的食品需求绿化之后,绿色食品逐渐成为食品需求的新宠。服装需求也在逐渐绿化,使绿色服装成为纺织品市场的亮点。彩棉服饰近年来畅销于市就是这种需求的反映。

在旅游市场上,天然的原生态的景点成为都市消费者的首选。在一些经济发达国家,非化学合成的天然植物药品对生命和健康的价值正在被人们所发现。因此,绿色需求与传统需求一样,同样具有多样性和层次性,它给企业实施绿色营销提供了广阔的舞台和空间。但是,应当看到:由于不同地区不同人群的文化背景和价值观念不同,绿色需求也会不同。例如,人本主义影响下的西方国家,绿色需求重在对人的生命与健康的关注,企业的任何行为,消费者的任何行为本身不能破坏生命与健康发展的环境。而东方文化尤其是我国文化则强调"天人合一",人类自身活动的结果,包括生产与消费行为的结果,应当与自然环境相互促进,共同发展。

在全球范围内,绿色需求的层次和具体内容也是有差异的。企业在实施绿色营销过程中,不能片面强调营销模式的简化或标准化,而必须注意地区和人群的差异性。

综上所述,绿色价值是绿色产品对消费者绿色需求的一种效用或满足能力。它是企业针对绿色消费者开发或创造的产品或服务,是实施绿色营销效果的基础和物质前提。绿色程度不同的消费者对一种绿色产品或服务的价值理解和判断具有差异,绿色营销者必须在营销研究的基础上,主要针对"深绿色消费者"营销,开发和提供他们所需要的产品,才能实现绿色产品或服务价值的最大化,提高绿色营销的效果。

绿色价值的发现途径,依据产品市场矩阵分析,主要有以下四个方面。

（1）在企业原有的产品和市场中寻找

如果产品本身客观存在某种独特的生产环境或有益于健康的特性,绿色价值即客观存在,如果没有这种客观的天然的属性,则完全可以赋予产品生产与加工环境条件、工艺的某种原始性与天然性。

（2）在企业原有产品的新市场中寻找

一种产品在某一个地区长期消费,已经成为人们的习惯需求,其绿色产品的属性并没有引起人们的重视,相反,在一些新的市场,由于人们的绿色需求十分突出,很快发现了产品的绿色属性和价值,在现实中也不乏案例存在。

（3）在企业原有市场上的新产品中寻找

当企业原有市场出现了显著的绿色需求之后,企业无法通过传统的产品或营销手段予以满足,必须开发新的绿色产品才能满足这种需求。例如,当一个地区的居民普遍认为环保节能冰箱是家庭的必需品时,传统的有氟冰箱必然失去销路,家电生产企业必须开发无氟节能冰箱才能很好地满足消费者的冰箱需求。而无氟和节能两大要素正是新产品的绿色价值要素。

（4）在企业新产品和新市场中寻找

随着绿色技术的发展和绿色需求的增长,新产品的绿化更加容易,新的绿色市场更加普遍,因此企业在新的产品和新的市场中寻找绿色价值将变得更加容易。它意味着企业绿色营销的机会相应增加,成功发现绿色价值的概率相应上升。但是,应当看到,这种途径发现的绿色价值由于远离企业原有的业务和市场,成功的风险也可能相应增大。例如,一个成功的食品生产企业通过新产品和新市场的分析,发现家电市场的变频空调具有很好的市场机会。于是进入家电行业,开发绿色空调。由于该企业开始面对一个陌生的市场,几乎没有任何可以借鉴的营销经验,因此新业务成功必然充满风险。

（二）绿色技术与产品的开发——绿色价值创造过程

1. 绿色技术的开发

绿色技术是绿色产品开发的基础和保障。绿色产品的特殊性决定了绿色技术的开发必然涉及一些制造技术与工艺上的革命。一般地，绿色技术是指能减少环境污染又节能降耗的技术、工艺或产品的总称，从经济学意义上看，其最终目的是实现产品生命周期内部成本与外部成本总和的最小化，具有外部正效应。

这代表了一般研究者对绿色技术的理解，也是绿色技术与一般技术最大的不同点，体现了不同范式下的技术发展思路。根据绿色技术进化程度以及与现有环境匹配的难易度，可以将绿色技术分为三个层次：一是末端治理技术；二是清洁工艺；三是绿色产品。末端治理技术是在生产的最后环节消除生产过程中产生的污染；清洁工艺开始注重在生产过程中合理利用资源、减少污染；绿色产品是从产品设计、研发、生产、销售的全过程来节约能源，预防污染。不同层次的绿色技术体现了"绿色理念"在技术中的不同深入程度，也代表了不同技术经济范式。

以上分析表明：绿色技术研发的起点是寻求末端治理技术，即首先考虑如何使生产过程中的废弃物得到有效的治理并实现再循环，再利用；其次是寻求一种清洁工艺，使产品或价值在生产过程中绿化；最后才是一种对环境、对生命和健康有益的产品或价值的诞生，绿色产品是绿色技术进化的必然结果。

现实中最为艰巨的问题是末端治理技术的研发，它必须以环保科技的发展为基础，同时，单个企业的末端治理技术有时可能是不经济的，它需要产业的集聚和联合治理为前提，这就涉及政府产业政策的引导。企业绿色技术创新行为受国际环境、政策法规、市场需求、竞争压力和企业文化、资源、管理等因素的共同作用，这种作用既可能激励企业积极进行研发、发展绿色经济，又可能约束企业的技术创新。

2. 绿色产品的开发

企业绿色产品开发是以绿色产品创意为起点，包括绿色产品概念测试、试制、试销和商业化等环节在内的一系列营销活动。在特定的绿色技术基础上,需要企业重点抓好以下几个方面的工作。

（1）绿色产品定位工作

这是绿色产品营销成败的关键,即企业准备向什么目标市场投放什么特色的产品、以什么样的形象进入市场等问题的决策。在绿色营销并不成熟的市场,产品定位的空间很大,企业产品概念和特色的提取容易实现。当绿色营销发展到成熟的高度时,营销者必须利用以下方法才能顺利寻求到产品的特色和形象。

①竞争性定位。此即比照竞争者的产品定位确定自己的产品或服务的绿色特性与形象。例如,在我国白酒行业,许多酒厂纷纷向市场投放各种期限的年份酒,借以彰显自身的健康酒特性。还有些酒厂,为打造其生产环境的一流生态特性,修建酿酒生态园区。竞争性定位的前提是市场对这种特性或功能的广泛认同,市场需求巨大,竞争者在一定时期内无法满足这些需求,即使企业用相同或相近的特性进入市场,仍然可能成功。因此,竞争性定位只能用于实力相当而市场需求巨大的企业之间。

②补缺性定位。此即千方百计寻求市场空白,提供不同于竞争者的绿色产品满足市场。这种定位的最大好处就是企业确保产品进入市场初期就避开了市场竞争,赢得了一个相对垄断的市场,同时不会引起竞争者的注意,营销成功的可能性上升,对于实力较弱的中小型企业的产品定位更是需要采用这种办法。例如,在绿色白酒竞争如火如荼的时候,可能在果汁酒领域存在许多绿色要素未能引起竞争者的注意,属于空白市场,企业完全可以开发一种有益健康的果汁酒投放市场。

③突出特色定位。此即着力打造自身产品的独特个性,尤其是绿色产品方面的个性以赢得竞争的胜利。例如,某冰箱产品为了突出自己的节能特性,做出了多年的技术努力,最后开发的节能冰箱耗电量只有竞争性产品的1/3左右,投放市场便很快畅销于市。又如,在人们对纺织行业的污染问题日益关注的今天,利用基因

技术培育的天然彩棉因为无须印染的特性,被业内视为绿色原料,深受纺织行业的喜爱。在营销策划人眼中,产品的绿色特性既可能客观存在于产品体内,也可以存在于营销人的思维之中,只要营销人持续打造某一绿色特性,一定时间之后,仍然可能获得消费者的认同。

(2)绿色产品制造工作

绿色产品制造工作是绿色产品或价值加工制造的全过程。无论是绿色新产品的制造,还是绿色成熟产品的制造,都必须注意以下三个方面的问题。

①严格按照ISO 14000标准控制产品的质量是确保绿色产品性能稳定可靠的基础。国际标准化组织在汲取世界发达国家多年环境管理经验的基础上制定并颁布ISO 14000环境管理系列标准,成为一套目前世界上最全面和最系统的环境管理国际化标准,并引起世界各国政府、企业界的普遍重视和积极响应。

ISO 14000标准的基本特点是:注重体系的完整性,是一套科学的环境管理软件。强调对法律法规的符合性,但对环境行为不做具体规定;要求对组织的活动进行全过程控制;广泛适用于各类组织;与ISO 9000标准有很强的兼容性。

实施ISO 14000可以给企业带来管理上的巨大变化和经营上的巨大利益,主要体现在:获取国际贸易的“绿色通行证”;增强企业竞争力,扩大市场份额;树立优秀企业形象;改进产品性能,制造“绿色产品”;改革工艺设备,实现节能降耗;污染预防,环境保护;避免因环境问题所造成的经济损失;提高员工环保素质;提高企业内部管理水平;减少环境风险,实现企业永续经营。

②绿色技术手段的充分利用也是产品或价值绿化的重要保障。绿色生产技术创新主要包括绿色产品设计、绿色材料、绿色工艺、绿色设备、绿色回收处理、绿色包装等技术的创新;绿色生产管理创新包括制定绿色企业管理机制、绿色成本管理创新、采用先进生产方式、建立绿色营销机制、建立绿色网络化供应链、建立环境评价与管理系统。

绿色技术手段的充分利用就是要求企业必须整合企业内外的绿色生产技术创新成果和绿色管理创新的成果,采取独立研发、技术引进、技术合作等多种形式,把国内外相关的技术创新成果整合到绿色产品的制造过程中,提高企业及产品的绿化水平,增强产品的市场竞争力。

③依靠科学的管理手段,促进封闭环形价值链的正常运行。传统的营销价值链是一种价值的单向运动,即由资源获取—生产—营销—产出物质的利用四个环节构成。产品只要到达消费者手中,企业价值链的工作任务即告结束。而绿色营销的价值链则是一种封闭环形价值链,即表现为资源获取—生产—营销—产出物质的利用—再循环—资源获取六个环节构成的循环价值运动。这就要求企业在管理体系上必须进行相应的拓展,在生产工艺选择、生产流程设计等方面进行变革,着力抓好以下四个方面的工艺流程再造工作:①内部环流体系建设(热能循环、冷却水的环流等);②物质的循环体系建设(零排放工业园区);③延长产品生命战略(开发长寿命产品、延长使用寿命等);④提高工作效率(增加售后服务,尤其是一些预防性的服务可以减少对环境的破坏等)。

(3)绿色产品包装工作

与传统产品包装相比较,绿色产品包装除保护产品使用价值、美化产品、提升产品形象和促进销售基本功能外,还必须考虑包装的生态环境属性,即包装废弃物对环境的影响必须降至最小。因此,绿色产品的包装决策需要着力解决以下几个方面的问题。

①按照产品生命周期演进的阶段性考虑是否进行包装和包装材料的选择。在产品生命周期的导入期,由于市场需求量较小,相关的产业未能形成,绿色产品的包装策略可以考虑"无包装",否则,包装废弃物的利用或经济利用缺乏的条件下,包装对环境的影响就不可避免。当产品进入成长期和成熟期后,市场需求量急剧增加,包装废弃物的数量达到了一定的规模,同时,废弃包装再利用的技术和产业

已经出现,绿色产品的包装策略就可以多样化,包装材料选择的自由度也可以相应增大,包装对环境的影响随之降到最低。在产品生命周期进入衰退期后,由于新一代的绿色产品已经面世,以及本产品市场需求量的急剧下降,产品包装可以采取"无包装策略"或选择替代新产品使用的包装材料。

②充分考虑各国在环境法规和包装法规方面的具体要求和标准进行绿色产品包装设计。进入 20 世纪 70 年代以来,世界许多国家出于环境保护的考虑,先后制定了许多与产品包装有关的法律法规,不仅对本国产品包装的绿化产生了重大的影响,对其他国家的产品进入也具有贸易壁垒的性质和作用,企业要实现绿色产品的全球营销目标,就必须在包装环节充分考虑各国相关的法律规范。

③包装材料的选择必须与社会现有的资源回收技术相联系。企业在进行包装决策时应当尽可能选择现有资源回收技术能够进行包装再利用的材料,才能体现循环经济的"3R"原则。从现阶段社会资源回收技术看,比较成熟的有塑料回收技术、轮胎回收技术、纸回收技术和金属回收技术。企业在进行包装设计时,只要选择这些包装材料,后续的包装回收与再利用是比较容易的。

3. 绿色营销中的品牌战略

在公众绿色营销意识淡漠和绿色知识匮乏的时期,绿色产品或服务,以及绿色企业的知名度、信誉度和美誉度,直接关系到营销的效果。因此,企业从绿色产品决策开始,就必须重视品牌的塑造和推广工作,着力打造绿色产品品牌的"三度"。品牌作为重要的营销差异化手段,在绿色营销过程中意义重大。

首先,它可以有效地传递绿色产品的信息,展示绿色产品的独特性;其次,它可以缩短消费者的选购时间,实现正确的购买决策;最后,它可以较好地实现企业绿色价值,提高绿色营销的效果。企业实施绿色营销的品牌策略,应当注意以下几个方面的工作。

（1）注意绿色产品核心价值的概念提取

一个绿色产品可能存在诸多特性和优势，但是相对来说，总有一种特性或利益对消费者来说是最重要的，我们可以将其作为该产品的核心价值提取出来并凝聚为一个具有强大冲击力和号召力的概念。

这对于后续的广告策划和产品进入市场都是十分关键的。因为，在消费者眼里，只有能够满足其关键需要的产品才是可以被接受的，所以针对某一特定消费者而言，他们所要求的产品也是特定的，是具有某种显著优势或特性的产品。营销者的经验表明：在一个产品的品牌推广和市场推广中，如果其负载的东西太多，即宣传的特性和优势太多，也是很难实现营销推广的预期目标。

最大化地简化沟通信息是营销事半功倍的基础，对绿色产品的推广也是如此。因此，无论从消费者，还是从营销者角度，都需要进行绿色产品核心价值的概念提取。例如，一个绿色食品，同时也是一种有机食品、健康食品，消费者面对这三个特性，可能很难接受，如果营销人员在产品测试与分析时发现，其成分中的硒元素是健康食品的关键，而这种硒元素的富有，也是有机生产的结果，是本地区环境优势的特点与亮点，经得起科学的验证，在后续的营销推广中可以找到更多的题材，我们就可以把该产品的"富硒"特性作为其核心价值提取出来。

（2）注意绿色产品核心价值与企业社会责任的有机融合

进入 21 世纪以来，企业的社会责任越来越受到公众的关注。许多知名企业在向股东发布年度经营报告的同时，也向公众发布企业公民报告，赢得了社会的更高尊重。从事绿色营销的企业本身就担负了相应的社会环境责任，具有很多可说的"素材"，因此产品核心价值很容易与某种社会责任相结合，并提高核心价值的吸引力。如果，我们提供的产品是在一种原生态条件下生产的，能够对消费者健康有益，我们产品的核心价值就是"生态与健康的统一"，在后续的营销策划中，很容易实现企业关注环境、关爱生命等社会责任的使命感和责任感的推广，产品的核心价值就不仅是针对某种目标顾客的利益,而且是对整个社会都具有某种独特的价值和利益。

（3）品牌传播要注意政府的环境诉求

在特定时期,政府的环境诉求,代表了公众对环境的看法、态度和诉求,具有广泛性和普遍性。企业绿色品牌传播活动如果能够与这种看法、态度和诉求实现融合,就容易获得社会公众的认同,对于良好品牌形象的塑造也十分重要。

常见的绿色品牌诉求类型有以下三种:

第一,安全、健康、无污染。这主要是表现产品的绿色特性。

第二,舒适、和谐、高品质的生活方式。这主要是引导公众改变旧有的生活和消费习惯,增强环保意识,注重生活环境和生活品质,增强绿色消费观念。

第三,责任。通过宣传现在人类所面临的资源枯竭、生态环境破坏等,增强公众保护生态环境的责任感,从而转变消费行为。

进入20世纪90年代以来,随着我国政府和公众对环境生态的日益重视,海尔、哈药集团、娃哈哈和新飞等企业都开始了建立在环境诉求基础上的品牌推广活动,这类活动对良好品牌形象的塑造产生了积极的影响作用,收到了良好的品牌推广效果。

（4）注意绿色品牌推广的持续性和系统性

传统品牌推广活动,需要持续和系统,才能对目标沟通对象形成强大的冲击力。这是信息爆炸时代的客观要求。在绿色营销时代,由于公众对绿色产品、绿色消费认识的差异性,更需要企业品牌推广活动的持续性和系统性,否则,公众的认识和目标顾客购买态度和行为的转移就会十分缓慢,企业绿色产品进入市场的步伐就会十分艰难,企业的营销目标就难以实现。

目前,我国一些绿色企业仍然坚持传统营销的模式,品牌推广主题偏离绿色诉求,或绿色诉求的推广时断时续,很难凸显绿色品牌属性。

（三）绿色产品价格的制定——绿色价值实现过程

目前,我国企业之所以在环保方面的参与和投入缺乏积极性,一个重要的原因就是企业在绿色产品研发与制造中发生的成本不能彻底补偿,绿色产品的营销效益不甚理想,因此制定合理的绿色产品价格政策,理顺绿色产品与非绿色产品之间的价格关系具有十分重要的意义。

与非绿色产品相比较,绿色产品无论从制造成本,还是从满足消费者需求能力的角度分析,都应当实施差别性的定价方法和定价策略。首先,绿色产品的制造成本要高于传统产品,按照万后芬教授的分析,绿色产品的成本至少较传统产品多出了以下四项:绿色资源的开发与利用成本;实施清洁生产发生的费用;绿色包装开发与运用增加的成本;包装回收与处理所增加的成本。其次,绿色产品满足消费者的能力比非绿色产品强,所表现出来的效用价值也大。

绿色产品的价值由主体绿色价值和附加绿色价值构成。主体绿色价值是在同类产品价值基础之上表现出来的安全及环保性能,附加绿色价值是主体绿色价值以外的绿色属性。

绿色价格的制定需要考虑以下几个方面的因素:

首先,绿色产品的特性。如果是公益性的绿色产品,可能政府在税收信贷等方面存在一些优惠政策,绿色产品的价格可以从低制定,不仅可以使更多的公众享受到绿色产品的效益,而且有助于绿色产品迅速进入市场,形成畅销局面;如果只对部分目标顾客有益的绿色产品,可以允许企业自主定价,按照成熟市场经济国家的做法,高出同类非绿色产品价格 20%～50%定价。

其次,绿色产品的需求特性。如果是需求价格弹性充足的产品,企业仍然可以实施薄利多销的定价策略,即上市初期就把产品价格定得较低,甚至可以低于非绿色产品,只要能够达到将非绿色产品逐出市场的目的,绿色产品可以多销,企业就可以推出具有竞争力的价格;如果企业绿色产品的需求价格弹性不足,就应当实行厚利限销的策略,依靠饥饿销售法,把绿色产品的价格在稀缺性不断提升的过程中抬高。相反,如果绿色产品的生产不具有规模经济效益,企业就应当实行高价策略。

最后,绿色产品面临的政策形势也将影响到企业定价方法与策略的选择。显然,具有政策支持的绿色产品,定价的自由度和灵活性较高,没有政策支持的绿色产品要选择低价入市的策略就必须依赖企业的实力,否则,将难以承受可能因为低价出现的亏损。当前我国的绿色电力生产商——垃圾发电厂无一例外都是靠政府的支持生存。

综上所述,绿色产品成本提高是污染控制的结果,也是绿色产品价格提升的内在动力;消费者的环保意识或绿色需求是绿色产品高价格定价成功的基础或前提。

高价格策略面对的细分市场是:生态意识强烈、个人环保倾向和为控制污染付费的愿望三种类型的人群;政府补贴有助于消除绿色产品的价格障碍,保障生产者的利益;绿色产品不一定完全实施高价策略,现实中同样具有低价入市的可能性。

(四)绿色通路的选择——绿色价值的传递与保障过程

绿色产品的性能和价值不完全由绿色生产决定。从国内外的实践来看,绿色产品价值链是由生产、分销和消费诸多环节构成的一个价值体系,一个在生产上完美无缺的绿色产品,如果分销在技术上和管理上存在一定的问题,同样会影响到绿色产品价值的变化。因此,要充分实现绿色产品的价值,并确保绿色产品价值链上的每一位参与者的利益,设计合理的绿色产品分销渠道意义重大。

现实中,绿色产品价值的传递与保障通常需要传统分销渠道的绿化和构建逆向绿色渠道体系同时进行。

1. 正向绿色分销渠道

传统分销渠道的绿化是要求渠道中的代理商和经销商必须按照绿色产品的特性进行运输、包装、储存、供应和销售,利用绿色技术,设立绿色产品专柜,传递和展示绿色产品价值,使生产环节创造的绿色价值顺利进入生产领域。

绿色产品分销渠道的绿化要求制造商在渠道选择与管理过程中注意以下五个问题：第一，选择绿色意识强的中间商承担绿色产品的分销；第二，尽可能选择短渠道，降低分销成本与材料的消耗；第三，使用绿色标识，建设绿色专柜，方便消费者识别和购买；第四，简化或优化配送系统，使用污染少又节能的运输工具；第五，加强销售人员绿色意识和知识的培养，提高绿色产品的销售效果。

2. 逆向绿色分销渠道

逆向绿色渠道体系建设是实施绿色营销的企业为了有效回收绿色产品使用后的废弃物，并实现资源化回收利用而建立的渠道系统。它是企业逆向物流系统的一部分（除退货与产品召回职能）。从理论上说，绿色产品的供应商既可以通过增加正向分销渠道各成员的职能来构建自己的逆向分销渠道，也可以利用社会现存的垃圾回收处理系统来建设自己的逆向分销渠道。

可供企业选择的逆向分销体系有五种模式。

（1）制造商一体化体系

特征为：①制造商是逆向渠道的唯一责任人与领袖；②为了企业内部生产，需要稳定收集大量可用的废弃物；③减轻了制造商对供应商原材料的依赖性；④可以和分销渠道外的专业垃圾运送商建立关系，成为它们稳定的买主，增大废弃物的收集量；⑤制造商的资源回收与再利用的投资可能较大。

（2）垃圾运送商体系

特征为：①以专门的大型垃圾回收处理机构为法定的责任人或渠道领袖；②是第一个把垃圾作为资源看待的组织；③收集量大，资源稳定；③与政府签订责任合同，第一个获得垃圾来源；⑤因为受政府相关政策支持，为扩大业务量经营可能出现政策性亏损。

（3）专业化反向处理加工商体系

特征为：①循环经济或绿色经济时代出现的环保型专业营利性组织；②可能

成为垃圾运送商,小型处理商的买主;③随着有关垃圾分类处理法规的出台,这类组织必须相应转型,否则会因收集垃圾的量不足而陷入生存危机;④可以摆脱地域和垃圾量的限制,发展自己的分支机构。

（4）正向渠道成员责任体系

特征为:①按照有关强制性法规而由零售商和批发商组成的资源回收系统;②责任明确;③方便消费者;④原有设施无法满足回收利用活动的要求;④可能会与分类回收法规相冲突

（5）临时性或便利性体系

特征为:①可以为 NGO 募集资金;②为永久性逆向绿色分销组织提供货源;③垃圾收集量小,不稳定;⑤分类收集法规的出台会影响到这类组织的存在。

显然,上述五类逆向绿色分销系统的优势与适用条件各不相同,第一类主要用于废弃物回收量大、废弃物再生利用价值高、企业实力强大、交易退货量大、产品召回风险高的企业组织,否则,制造商从事垃圾回收必然会影响到它的经济效益和市场竞争力。

其他情况下,政府还是要依靠相关的法律法规,鼓励企业选择其他逆向绿色分销体系,充分发挥垃圾收集、处理和资源化利用的专业化分工与合作的优势,从社会角度完善绿色产品的分销系统。特别是技术成熟、回收量大而分散、资源回收价值高的垃圾,政府更应当鼓励专门化的反向处理加工商发展,使之尽快产业化。

（五）绿色促销策略制定——绿色价值的展示与推广过程

绿色产品的促销过程从本质上说是绿色价值的展示与沟通过程。在绿色意识薄弱的市场中,绿色产品价值的展示、沟通与推广过程是一项艰难的系统性活动,一般包括绿色营销卖点的提取与筛选、绿色促销方案的制订和绿色促销方案的实施与管理。其中,对消费者的教育与说服活动、绿色信息的传播、绿色产品品牌和形象的塑造,既需要运用促销的一般技巧和策略,也需要考虑绿色消费者的特性,在人员推销、广告、营业推广和公共关系等手段中融入绿色的内容,实现企业促销策略的整体绿化。

对消费者开展绿色营销的教育不仅有助于转变目标顾客的态度和行为,增强企业绿色促销的沟通效果,而且能最终为企业的绿色营销提供人才支持。

因为,在绿色营销教育不断发展中,各级各类学校和培训机构的课程在绿化,社会公众的绿色意识和知识相应提高,这样企业绿色营销活动就容易招募到更为优秀的营销人员和中间商成员。

从国外的实践看,企业通过推动政府,促进学校教育课程体系变革来实现课程的绿化远比单个的企业努力效果更好,因此绿色营销教育对企业来说主要是做好公益性的广告宣传活动,即在产品商业广告推出之前依靠有效的途径和方式,系统提供与产品有关的绿色知识,塑造自身的绿色企业形象即可。

据说美国通用汽车公司当年在发展电动汽车计划时,就首先依靠消费者教育活动,在密集性大众媒体的商业广告推出之前,就让消费者熟悉各种替代性燃料的比较、自己的驾驶方式与电动汽车特性的不一致性及其调整、电动汽车每次充电的运行时间等,在商业广告推出时,先前的绿色教育起到了如虎添翼的作用。

绿色促销信息传播的主题依据消费者的买点不同,应该集中在环境保护、无污染和节约资源等方面,才能迅速打动消费者的心扉,唤起他们的绿色消费欲望。

绿色广告主题中的"形象导向"和"产品导向"比较普遍,而选择"过程导向"和"事实导向"的较少;没有环保战略的企业,绿色广告的努力难以奏效;对于选择"产品导向"和"形象导向"广告主题的企业,只要反映企业在强化环保的事实真实可靠,消费者也会予以积极的回应,从而提高绿色广告的效果。

绿色产品品牌和绿色企业形象的塑造也是绿色促销面临的一项长期性和根本性的任务。企业促销组合演进的规律表明:随着产品生命周期的变化,企业促销信息必然从突出产品特性向产品形象和企业形象过渡,绿色产品的促销同样摆脱不了这种规律的制约。

进一步研究发现,绿色广告必须是公司绿色程度的真实反映,消费者不会相信"绿色粉饰"的广告内容。这就说明,企业绿色品牌形象的建立不能简单依赖广告宣传,而必须脚踏实地地贯彻企业的绿色营销战略。显然,企业绿色战略的成功实施就不是一朝一夕的事情。

(六)企业绿色营销联盟的建立与巩固——绿色价值链的拓展与巩固

绿色营销的正外部性特点决定了单纯依靠某一个企业的努力、一种绿色产品或服务的价值不可能达到最大化,同时,具有最大效用价值的绿色产品也无法顺利实现其内在的价值。因此,在政府的倡导或指引下,实现绿色产品价值创造、展示、传递等市场主体之间的密切结合,则是绿色营销模式得以持续的重要条件。所以,绿色营销联盟的建立与巩固对于绿色营销模式而言,绝不是多余的或可有可无的,而是十分重要的必不可少的一个环节。

绿色工业园区作为企业建立绿色营销联盟的有效载体,也是绿色价值链拓展与巩固的基本模式,从发达国家的实践情况看,总体上具有以下特征。

第一,主题明确。综合考虑区域内的自然条件、行业优势和区位优势概括园区特色,然后依据这种特色招引有关的绿色企业加盟园区。因此,园区越发展,某一个方面的绿色特征就更加突出。例如,包头生态工业园区集中了铝钢产业的全部价值链上的企业,广东南海的华南环保科技园区吸纳的是环保类高科技企业,相互之间进行配套。

第二,生态工业学特征显著。绿色工业园区是按照自然生态系统的模式,强调实现工业体系中物质的闭环循环,其中一个基本的方式就是建立工业体系中不同工业流程和不同行业之间的横向共生。通过模拟自然生态系统建立工业系统"生产者—消费者—分解者"的循环途径和食物链网,采用废物交换和清洁生产等手段,通过不同企业或工艺流程之间的横向耦合与资源共享,为废物找到下游的分解者,通过建立工业生态系统的食物链和食物网,实现副产品的信息共享与交换,达到污染负效益变资源正效益的目的。

第三,产业集群优势和效益显著。绿色产业园区不是环保技术或绿色企业的简单集合,而是产业价值链上相关企业形成的产业集群,特别是多个产业集群的园区,在企业共生与层叠中实现了资源利用最大化,管理手段现代化和园区基础设施建设不断优化,园区企业经济效益、环境效益和社会效益持续提高。

第四,定位清晰,容易塑造整体形象,促进绿色价值链进一步拓展。绿色特征明确的工业园区,在清晰的产业定位和市场定位指导下,不断招引和增加缺失的企业或产业到相关的位置,发展相关的业务,可以促进绿色价值链的进一步拓展。

在发达的信息与运输系统支持下,绿色工业园区建设可以采取多种模式,从建设的起点和空间角度观察,可以分为以下三种:

（1）改造型

通过对现有企业适当的技术改造,区域内的企业建立起废物和能量的交换关系,如贵州开阳的生态工业园区。从建设成本考虑,这类园区最为经济。

（2）全新型

在良好规划与设计的基础上,从无到有进行开发建设,使园区内的企业能够进行废物和能量的交换,如贵阳高新技术园区。这类园区建设周期长,投资规模大,但功能完备,起点很高。

（3）虚拟型

打破地域限制,按照市场规律,重点建设园区的废物循环利用和资源梯级开发系统,形成企业间稳定持久的物质和能量交换关系。这类园区建设投入相对较少,有赖于发达的信息和运输条件,但园区内的物流成本较高,如美国的布朗斯维尔生态工业园区。目前我国国内还没有这类绿色工业园区。

为了保障绿色工业园区内的企业具有强大的市场竞争力,最大限度地吸引相关绿色企业加盟园区,充分发挥区域经济优势,无论是有形的绿色工业园区还是虚拟的绿色工业园区,无论是政府营运的还是私人经营的绿色工业园区,都必须坚持以下基本原则。

第一,与自然和谐共存原则。园区应当与区域自然生态系统相结合,保持尽可能多的生态功能。按照可持续发展要求大幅度调整园区产业结构和技术结构,提高资源利用效率,减少污染物产生和对环境的压力。新建园区选址必须考虑园区的生态环境容量,调整列入生态敏感区的工业企业,最大程度降低园区对区域内景观、水文和生态系统的负面影响。

第二,生态效率原则。在园区布局、基础设施建设和工业生产及服务系统运行过程中全面实行清洁生产,尽可能实现废物的零排放。

第三,生命周期原则。加强产品生命周期和企业生命周期的全程监控,最大限度地降低产品生命周期内对环境的负面影响。一般而言,产品生命周期的导入期和衰退期,企业生命周期的衰退期对环境可能产生的负面影响较大,园区企业和管理协调部门必须高度重视,尽可能做到不成熟的技术不使用,废弃物没有处理完毕的破产企业必须承担后续的处理费用。

第四,区域发展原则。园区不仅要考虑自身发展,也必须考虑区域特色经济的发展,加强园区与社区的联系,并通过教育、卫生、科技和人力资本的开发,千方百计促进区域的社会进步。

第五,生态链原则。园区规划和设计应当尽可能做到园区内的企业或产业在物质和能量使用中出现自然生态系统类似的生态链和食物链保障资源使用效果的最大化和废物排放的最小化。

第六,高起点高效益原则。高起点就是要求园区建设必须做到系统设计、科学论证、功能多样和软硬件建设并举。尽可能使用最先进的环保与资源再生技术,招引符合产业发展趋势的绿色企业入园,确保加盟企业的产品在市场上具有显著的竞争优势和明显的经济效益。

二、绿色营销模式划分及演进的规律性

(一)绿色营销模式的划分

1. 按照营销目标角度区分的绿色营销模式

营销目标是市场营销者根据环境条件与自身状况选定的一定时期内营销活动将要完成的任务或计划。绿色营销目标在环境条件的制约下,有高有低,综合国内外学者的研究成果,基本上可以区分出以下三种形态。

(1)生态营销

企业发现和认识到了自身经营行为对自然生态系统的负面影响,并采取措施努力控制这种影响,保障生态系统不继续恶化。在自然生态条件较好、企业环保能力有限的条件下,选择生态营销目标仍然是企业营销观念和营销模式的一种进步。今天我国西部地区的企业可以考虑这种营销模式。

(2)环境营销

企业自觉开发或利用一些先进的环保技术,力争使企业的经营活动促进环境的优化。大多数环保型企业都可以考虑选择这种绿色营销模式。只要企业绿色营销具有明确的环境导向战略,在政府有关环境政策和产业政策的配合下,这种模式容易得到企业的实施。目前,我国许多绿色产业园区的企业基本上达到了环境营销模式的要求。

(3)可持续营销

按照可持续发展理论,使企业营销活动在与环境互动中达到友好状态,在环境不断优化中实现企业生产、社会消费和经济发展的可持续。这是一种在最高级营销目标支配下出现的一种绿色营销模式,它代表了绿色营销发展的趋势。这种模式下的企业营销社会责任放大到了极致,在当前社会经济条件下,具有一定的局限性。只能作为企业绿色营销的努力方向,很难付诸实践。

2. 按照营销动力系统角度区分的绿色营销模式

现有的营销理论表明:绿色营销发展的促进力量和因素是多元的。但是,在不同的历史阶段,众多力量和因素中的主导因素和力量有所差异,这也引起了绿色营销模式的演进和变化。从绿色营销30多年的发展历史看,可以区分出以下四种状态。

(1)政府主导型

此即政府的行为、政策和法规是决定绿色营销发展水平的关键性力量,企业、消费者和公众都处于被动服从的状态。绿色营销的微观主体缺乏积极性和主动性。尽管生态问题和环境问题已经十分突出,但公众的绿色意识、消费者的绿色需求相当缺乏,只有政府从整体的长远的角度看到了国家的生存危机,推出有关环境法规,才能调整产业政策引导企业实施绿色营销,鼓励居民选择绿色消费。经济欠发达、教育文化相对落后的广大低收入国家以及一些发展中国家的绿色营销基本上处于这种态势。

(2)公众主导型

此即社会公众开始认识到环境问题的严重性,一些环保组织和绿色NGO开始诞生,它们通过舆论宣传、组织发展和向企业施加压力和影响,迫使企业调整营销模式,选择绿色营销。

随着社会文明程度的提升,一部分受教育程度高、收入水平高的民众,开始关心他们的生存环境,于是在企业没有意识到环境问题的严峻时开始利用社会的民主机制,成立一些环保性社团或组织,宣传绿色知识,影响民众意识,促使他们在消费中给企业施加压力。这种模式可能发展相对缓慢,但是符合民主政治的现实要求,是一些经济发达国家绿色营销的起点模式。

(3)消费者主导型

此即消费者的绿色需求和消费是绿色营销发展的基本力量。企业提供什么样的绿色产品与服务,政府提供什么样的绿色产业政策与经济政策,主要考虑消费者的消费习惯和心理及行为特征。

这种模式更能体现市场营销的本质属性,但是要求消费者的文化水平和收入水平较高,消费理念十分先进,消费行为十分理性,不会因为自身利益的最大化而牺牲社会公众的环境利益,也不会因为绿色消费对自身当前利益的影响而放弃购买。因此,这种模式在经济欠发达的国家和地区难以实施,即使在经济发达的国家和地区,也是需要相应的措施进行配合,才能使绿色营销成为消费者和企业的自觉行为。

（4）企业主导型

此即企业普遍认识到了环境问题的重要性,自觉选择绿色营销模式,制定绿色营销战略,彻底告别传统的、落后的营销理念和模式。这种模式中的企业是最现代、最成熟的企业,企业家的社会责任意识大于营利意识,员工的社会责任感足以保证他们自觉执行企业的绿色营销战略和策略。因此,这是绿色营销动力系统的最佳状态。

从企业"经济人"假设的角度看,这种模式似乎很难实施,但从企业角色转变的角度看,只要一个国家或地区的企业纷纷成为"社会人"的努力成为现实,企业主导型的绿色营销动力系统还是可以形成的,当然具有一个从被动到主动、从局部到普遍的转化过程。

3. 按照绿色营销成熟度区分的绿色营销模式

绿色营销的成熟度是以绿色营销模式涵盖的范围大小、涉及营销主体的数量多少为标志进行区分的。绿色营销的初期可能涉及的是一个产品或服务的营销,而绿色营销的发展成熟必然趋向一个国家或地区的所有产业或经济部门。所以,按照成熟度不同区分出来的绿色营销模式主要有以下四种形态。

（1）绿色产品营销

此即一个国家或地区中只有少量的产品或服务符合绿色营销的要求,涉及的企业非常有限。这一时期甚至提供绿色产品或服务的企业也没有完整的绿色营销战略和计划。从绿色产品营销的历史看,首先涉及的产品是食品,然后才出现了绿色服装、绿色化妆品和绿色住宅等。

（2）绿色企业营销

此即企业在绿色营销战略的指导下,通过产品或服务的绿化,营销策略的绿化并最终实现企业整体的绿化,在社会公众中塑造绿色企业的形象。从现实看,绿色企业营销对于许多企业也是一个艰难的过程。以食品行业为例,尽管一些知名食品企业向社会提供了许多绿色产品,可是直到今天,也不能在公众中形成一个绿色企业的形象。食品企业是我国开展绿色营销最早,认证标准最成熟的行业,它们尚且如此,其他没有统一标准和要求的行业中的企业,实施绿色企业营销的情况就可想而知了。

（3）绿色产业营销

它是指绿色产品和绿色企业营销发展充分的产业在行业协会或政府部门的指导下,制定行业统一的绿色营销标准和规范,促进行业内的所有企业按照标准和规范向市场提供绿色产品或服务,满足目标市场需要的过程。显然,绿色产业营销是绿色企业营销发展的一种必然结果。当行业内的多数企业认识到绿色营销需要统一的认证标准和规范的市场秩序才能保障其健康发展时,它们就会以行业协会的名义制定认证标准或规范,或者促使政府相关职能部门颁布统一的管理制度或评价标准。目前,我国开始启动绿色产业营销的行业不多,仅有食品、住宅、化妆品、中药和家电行业,影响最大、效果明显的仍然是启动最早的食品行业。

（4）绿色经济

绿色经济作为政府经济发展模式的一种选择,是政府面临区域内的众多绿色产业成为经济发展的重要支撑时及时制定的相应的经济发展与环境保护战略,以促进区域经济与资源环境的协调发展,是绿色营销的最高级最成熟的形态。如果从涵盖范围与涉及的营销主体数量看,它是一种宏观的绿色营销模式。当一个国家或地区的政府把绿色经济作为经济发展模式与战略以后,意味着该地区的所有产品、企业和产业都必须按照绿色营销的要求进行，没有例外存在。因此，绿色经济可以视为成熟度最高的绿色营销模式。

（二）绿色营销模式演进的规律性

绿色营销的发展实践表明：绿色营销模式演进具有其内在的规律，任何无视这些规律而盲目推进绿色营销实践的行为，都会出现事倍功半的局面。我们可以积极创造条件，迎接更为高级和更为先进的绿色营销模式的到来，但不可能随便超越绿色营销的特定阶段或形态。根据前面的分析不难看出，绿色营销模式演进具有以下规律性。

1. 从生态营销向可持续营销演进

生态营销是起点模式，环境营销是过渡模式，可持续营销是终极目标。无论哪一种营销主体，都需要从细处做起，首先解决生态保护问题，较长时期内依靠社会的共同努力，实现可持续营销目标。

2. 从政府主导型向企业主导型转变

政府主导是经济欠发达国家或地区绿色营销发展的原动力，是快速实现生态修复，经济与环境协调发展的基本保障。企业主导作为绿色营销动力系统的理想模式，需要企业自觉承担营销的社会责任，是 21 世纪人类文明转变和企业营销伦理转变的必然结果。

3. 从绿色产品营销向绿色经济转变

绿色产品营销仅仅追求产品或服务的绿化，是一件容易做好的事情，任何企业只要拥有足够的绿色市场需求和相应的绿色技术，就可以完成绿色产品营销的使命；绿色经济则是涉及所有产品、企业与产业绿化的事情，需要全社会的共同努力，没有相应的国家经济战略是难以实现产品、企业和产业绿化的。

4. 从低级绿色营销向高级绿色营销转变

就绿色营销的社会影响和效果而言，生态营销、政府主导型的绿色营销和绿色产品营销都是一些起步性质、影响面窄、效果有限的绿色营销模式,随着社会进步和文明的发展,社会公众的绿色意识、企业营销伦理的提升、消费者绿色需求的发展,必然过渡到可持续的企业主导的高级绿色营销形态——绿色经济。

5. 从微观绿色营销向宏观绿色营销转变

以单个企业为主体展开的绿色营销,是具有微观性质的营销形态,是绿色营销模式的实践基础。随着一个产业内的大量企业选择绿色营销模式,整个产业必将进入绿色营销境界,绿色营销的影响范围相应扩大,因此绿色产业营销是一种中观性质的营销形态。随着绿色经济国家战略的形成,全社会的绿色营销实践出现了,影响的范围将较以往任何时期都大,绿色营销开始具有宏观性质,所以宏观绿色营销即绿色经济是微观绿色营销发展的必然趋势。

第二节　绿色营销策略

一、绿色营销的价格策略

(一)绿色产品价格

绿色产品价格是建立在绿色产品生产、交换、分配和消费过程中所消耗的社会总资源基础上,考虑市场供求及竞争等其他环境状况而确定的市场认可的价格。绿色价格是一种与绿色产品性质相适应的价格形式,是指附加了绿色价值而高于传统产品价格的价格。

在价值和价格关系上,价值决定价格,而价格只是价值的货币表现形式。产品是客观存在的,一般能"看得见,摸得着",价值也是客观存在的,但其往往"看不见,摸不着"。

因此,企业想要把产品的绿色价值表现出来,只有通过交换和货币发生联系。产品内在的绿色价值只有通过外在的绿色价格才能得以表现,绿色价值最终以绿色价格的货币形式表现出来。绿色产品价值与其自身的品质有关,而绿色价格与产品供求、成本、竞争因素有关。在绿色产品交换中,绿色价值通常通过货币来衡量而成为绿色价格。绿色价格是绿色产品价值的一种重要体现形式。

由于绿色价格附加了绿色价值,即绿色产品在生产设计过程中,往往考虑环保的成本,而环保成本最终转嫁给消费者,因而绿色产品的价格往往高于一般传统产品的价格。绿色价格偏高是合情合理的。很多国家政府也都允许绿色产品的价格可以比普通产品的价格高。

(二)绿色价格形成原则

绿色价格形成一般遵循三个原则。

1. 环境或资源有价,即环境或自愿有偿使用原则

根据我国环境法规定,环境资源有偿使用原则是指直接利用环境的单位和个人应当依法缴纳法律规定的税费,提高利用环境的行为的成本,增加保护环境的行为的收益,以利于自然资源和环境容量的恢复、整治、再生和养护,实现环境的可持续利用。

这里的资源有价是指自然资源(包括生态环境)本身的价值,在传统价格体系中,自然资源往往是不需要付费的,但在绿色产品中考虑或包含了自然资源的价值,即把企业在生产绿色产品过程中,用于保护生态环境和维护消费者健康的支出计入成本,绿色成本增加。

2. 污染者付费,即排污者付费原则。

污染者付费原则(polluter pays principle, PPP)是指一切向环境排放污染物的个人与组织,应当依照一定的标准缴纳一定的费用,以补偿其污染行为造成的损失。付费将促使污染者采取措施控制污染,或使政府等管理部门获得相应的收入以治理污染。

经济合作与发展组织(OECD)于20世纪70年代提出了"污染者付费原则",

即要求所有的污染者都必须为其造成的污染直接或者间接地支付费用。污染者付费原则是"庇古税"理论的一种应用。作为一种公共物品,环境污染通常具有外部性,排放污染的个人或组织易于逃避责任。如果向其征收一定的污染费用,则可将污染环境的成本反映在排污者的私人成本中,这被称为外部成本的内部化。提高的内部成本将影响污染者的行为决策,促使其减少排污并提高效率,最终使总经济体达到环境资源的有效配置。

企业是排污者,必须付费,成本增加。在中国,根据这一原则,相继开展了排污收费政策、水权交易、生态补偿等环境经济政策手段的实践,取得了一定的成效和进展。

3. 消费者绿色偏好,即大部分消费者都具有"优质优价"的消费心理

价格和质量成正比关系,即优质优价。优质优价是市场经济的基本要求,从商品生产的角度来说,生产同一种商品,质量好的商品往往所用社会必要劳动时间较多,包含的价值量也较多。因此,售价也较高。高价格满足消费者这种心理。

(三)企业绿色营销中常见定价策略

企业从事绿色营销时,应根据目标市场消费者需求情况、产品成本、竞争状况等因素及其变化趋势,采取相应定价策略,以适应企业的营销目标。

1. 绿色产品新产品定价策略

企业推出新产品时,必定会考虑给产品定价,这是新产品开发过程中的一个重要环节。价格策略的正确与否关系到新产品上市的成功与否,它是产品推广的一个重要决策内容。新产品定价策略一般分为撇脂定价、渗透定价和满意定价三种。

撇脂定价指新产品一投入市场就以尽可能高的价格销售,以迅速赚取利润收回投资。渗透定价与撇脂定价刚好相反,指新产品投入市场时以较低价格销售,力争获得尽可能多的销售量和较大的市场份额,以便尽快地占领市场。满意定价则是介于撇脂定价和渗透定价之间的一种适度定价方法。当某种绿色产品第一次投入市场,或者第一次进入一个新的市场,或者企业通过技术创新开发的绿色产品都

可视为新产品。绿色产品也可根据情况分别采取撇脂定价、渗透定价、满意定价。

（1）绿色产品的撇脂定价策略

这种方法是指绿色产品投入市场时，采取尽可能高的价格策略，以尽快收回绿色成本，并获得相应利润。这种定价策略适用条件如下。

第一，产品有鲜明的绿色特色。例如，企业通过技术攻关开发出无毒、无害、安全、健康、天然的绿色产品，就可强调其鲜明的绿色特色实施撇脂定价策略。

第二，面对的是一个绿色消费意识浓厚的市场，对价格不是较敏感。

第三，其绿色工艺受专利保护是撇脂定价策略实施的最有利条件。

（2）绿色产品的渗透定价策略

当绿色产品投入市场时，也可采用渗透定价策略，即以相对较低的价格，吸引较多的顾客，提高市场占有率。这种定价策略适用的条件如下。

第一，该种绿色产品的潜在顾客较多，市场较大，这种潜在需求，将随着绿色市场的培育转变为现实需求。

第二，绿色企业的这种产品的生产成本和经营费用会随着生产经营经验的累积而下降，即可取得成本效应。

第三，随着销量的增加，市场占有率的扩大，单位产品成本会下降，即取得规模经济效益。

第四，采取渗透定价的绿色产品的市场需求一般对价格较为敏感，低价能够刺激购买，唤起绿色消费意识。从这个意义上讲，渗透定价好比长程投资，只有绿色市场完全形成后，才能收回绿色投资，并获得相应的利润。

第五，渗透定价要有一个比较好的竞争环境，即低价不会引起竞争强化的威胁。

2. 绿色产品组合定价策略

所谓产品组合，是指企业所生产或销售的全部产品线、产品项目的组合。所谓产品线是指一组密切相关的产品，又称"产品系列"或"产品类别"。产品项目是指在同一产品线下不同型号、规格、款式、颜色的产品。在绿色营销中,为减少资源浪费、提高资源利用率,要实施资源的综合利用。

对于具有多种用途的自然资源,如矿产资源中的共生矿、伴生矿,需要进行综合开发、综合加工,不能进行单一的某种资源的开发而把其他资源作为废物摒弃。同时,对于生产和生活中产生的废物,也要加以利用,提高废旧物资的回收、综合利用率,变废为宝。这必然要求企业改变产品结构,即产品组合。这同可持续发展要求建立与合理消费结构相适应的产品结构是一致的。产品结构的改变,要求企业实施绿色产品组合定价策略。传统上的产品组合定价包括两种:产品线定价和单一价格定价。

产品线定价策略的方法如下:首先,确定一个最低价,在产品线中充当领袖价格,吸引消费者购买产品线中的其他产品;其次,确定产品线中某种产品的最高价格,它在产品线中充当品牌质量和收回投资的角色;最后,产品线中的其他产品依据其在产品线中的角色不同而制定不同价格。

单一价格定价策略是指企业销售品种较多而成本差距不大的商品时,为了方便顾客挑选和内部管理的需要,企业所销售的全部产品实行单一价格。

绿色产品组合定价策略不同于传统上的产品组合定价策略。绿色产品组合定价策略,是根据绿色产品的需求、绿色产品生产成本和绿色产品生产资源利用三方面的内在关联性实施定价的一种策略。一般来讲,有强烈需求的绿色产品,如健康、安全、无毒、无害的产品,制定比较高的价格,而对为提高资源利用率的副产品,或为减少环境压力,在生产满足需求的产品过程中所产生废物回收利用形成的产品则实施低价,甚至采用低于成本的价格策略。

可见,绿色产品组合定价策略,实际上是发挥价格的调节作用,建立合理的消费结构,从而减少资源消耗、保护环境、贯彻绿色营销观念,协调企业、消费者和生态环境关系,达到企业持续经营的目的。传统产品组合定价的依据是产品系列的需求和成本的内在关联性,没有考虑生态环境问题。

3. 绿色产品差别定价策略

这种定价策略又称"价格歧视",是指根据消费者需求强度和对某种绿色产品的了解程度采用不同价格,而这种产品的成本相同,也就是说,绿色产品的利润因不同消费群体而有差异。企业在进行国际市场营销时,可采用绿色产品差别定价策略。由于不同国家社会经济发达程度差异较大,人们受教育程度和水平差异较大,收入差别较大,企业应针对不同国际市场的细分市场采取不同价格,这样既扩大销售,又保证一定利润。例如,绿色产品在英国、法国、美国等发达国家可以制定高价,而在一些发展中国家则可采取低价等策略。对绿色产品实施差别定价需注意:过高的价格可能影响其竞争力,过低的价格可能引起低价竞销和违法,要对目标市场的营销环境进行分析、评价。

4. 绿色产品竞争定价策略

竞争定价,是根据竞争对手的产品来确定自己产品的价格,尤其是在供应者相对稀少的情况下采用这种定价方法。竞争定价法,虽然也考虑产品的成本、需求等,但主要依据仍是竞争产品价格。绿色产品也可采用竞争定价策略,即根据市场上相同或相似的绿色产品价格水平来定价的策略。

绿色产品竞争定价策略的应用有其特殊意义:①竞争者之间通过维持相同或相似的价格可以发展和壮大某些绿色产业,特别是投资比较大、利润比较低、见效比较慢、比较脆弱的绿色产业,如生态农业等。②对于整个社会福利有重大作用,而经济效益差的某些产业,比如环保产业,竞争者之间可采取战略联盟,并采取相同的价格策略,以避免价格战,损坏整个产业。③对于某些生产资源比较稀缺的产业,竞争者之间应签订价格协议,以限制需求,控制供应,维持产业的长期发展。

5. 绿色产品的认知价值定价策略

绿色产品的认知价值定价策略,就是把价格变量与其他营销组合变量协调起来,从而达到增加销售的目的。通过绿色产品的定位、绿色产品的质量、绿色产品的促销,以及企业绿色形象的塑造,在消费者心目中建立独特的认知价值,再根据消费者认知价值确定相应价格。认知价值定价的关键是协调营销组合的价格要素和非价格要素,保持二者高度的一致性。这首先要使顾客期望值与产品体验价值一致,即在绿色促销中,所传达的好处要与产品体验价值保持一致,这样才会让顾客满意。其次,产品定价与顾客认知价值一致,这样才会让顾客觉得物有所值。

二、绿色产品分销渠道策略

绿色营销是对企业传统营销模式的创新和发展,它涉及企业营销活动的全过程,影响到产品设计、生产、销售乃至回收再利用的每一个具体环节。由于在不同的阶段和环节要求企业所关注的侧重点不同,所采取的营销策略也有差异,因而就形成了复杂的绿色营销体系,绿色分销渠道是不可或缺的组成部分。

(一)绿色分销渠道的作用及其特征

从以上分析可以看出,绿色分销渠道是绿色营销体系中不可或缺的重要组成部分,是企业最关键的外部资源。绿色分销渠道提供了地点、时间、形态等效用,在绿色市场调研、绿色促销、开拓绿色消费市场、对绿色产品进行编配分装、洽谈生意、绿色产品的实体储运、资金融通和风险承担方面具有不可替代的作用。能否找出和选择正确有效的绿色分销渠道,是整个绿色营销能否顺利实施的一个关键环节。

虽然绿色分销渠道在发挥作用方面类似于传统的分销渠道,但是具有不同于传统分销渠道的特点。

1. 一体化

由于绿色产品生产与消费的特殊性,绿色分销渠道具有产销一体化和国内外一体化的特点。

2. 双向性

绿色分销渠道除了前向渠道,还有后向渠道,即绿色产品由生产者流向消费者,而产品报废后的废弃物又由消费者反流向生产者。这种渠道的一个重要变化就是使绿色消费者改变角色成为一个生产者。如回收利用固体废弃物是一项主要的生态目标,这在技术上是可行的,但需要通过分销渠道使物流发生反向的流动。目前,已有一些中间商在反向渠道中扮演重要的角色,包括制造商的回收中心、专业废品收购企业等。

3. 专门化与大众化相结合

与一般产品相比,绿色产品在包装、储运、销售、定价、消费使用等方面都有其独特的要求。

4. 层次化与针对性

由于目前绿色产品的生产规模、水平与投入等方面的原因,绿色产品的生产、销售成本相对比较高,因此绿色产品的市场定位是高层次的,具有较强的针对性。

（二）我国发展绿色营销面临的渠道难题

1. 没有形成全社会性的绿色消费需求

我国是一个发展中国家,国力的限制决定了全国人民都达到绿色消费水平还需要相当长的时间。加之目前我国国民的整体素质还不太高,了解并接受绿色营销的至今仅是少数消费者,大多数消费者还不懂得绿色营销的意义,没有形成内在的绿色消费需求,甚至还不知道绿色消费、绿色产品和绿色营销的概念。即使了解并接受了绿色营销的消费者,对绿色营销的理解也大多是片面的,仅仅局限在产品无公害和生产过程无污染上,在消费时,只注重绿色产品本身的无污染,而对绿色分销渠道等方面重视不够。

2. 大多数企业仍未确立绿色营销理念

营销理念是企业进行营销活动的指导思想,营销理念的正确与否,直接关系到企业营销的成败。目前,绝大多数企业的生产经营仍是在一味追求近期和微观效益的理念下进行的,对眼前利益考虑得多,对环境保护和社会长远利益考虑得少;不少企业对消费者绿色需求导致的消费需求的变化、绿色问题引起企业竞争能力的差异、环境问题所开拓的新的市场机会等缺乏应有的认识;有的企业尽管意识到绿色营销可以开辟新的市场,但由于需要花费较大的成本、存在着一定的风险而不敢贸然行事;另一些企业尽管已推行绿色营销,但仅仅局限在绿色产品开发生产等方面,还没有采取系统的绿色营销组合策略。

3. 绿色中间商缺乏

绿色分销渠道就是绿色产品从生产者手中转移到消费者手中所经过的由众多执行不同职能、具有不同名称的各中间商连接起来形成的通道。正是通过这些中间机构的经营活动,绿色产品的生产企业才能完成其营销过程,才得以实现在适当的时间、按适当的价格与数量,将产品送达适当地点的目标消费者手中。由于我国目前还没有形成全社会性的绿色消费需求,经营绿色产品利润较低甚至无利可图,导致中间商缺乏经营绿色产品的积极性。

4. 缺乏绿色物流系统

绿色分销渠道不仅要选择绿色中间商,还要有相应的绿色物流系统,如使用绿色通道,采用无铅燃料,使用装有控制污染装置的交通工具和节省燃料的交通工具;降低分销过程中的浪费,对产品处理及储存方面的技术进行革新;简化供应、销售环节以减少资源消耗等。而我国目前对污染的控制主要集中在生产领域,物流方面还没有确立绿色营销观念。

5. 政府没有采取足够的措施来支持绿色分销渠道建设

分销渠道具有典型的外部性特征,单纯依靠企业自身构建绿色分销渠道存在很大困难。我国政府尽管也制定了一些有利于环保的法律法规以及促进绿色运动开展的措施,但是还远远不能满足实际需要。

（三）构筑我国绿色分销渠道体系的策略

绿色分销是在传统分销的基础上形成的，但它具有绿色标志——以绿色产品的生产者为起点，以绿色产品的最终消费者为终点，绿色分销网络成员（包括各级中间商、代理人等）都具有很强的绿色观念。由于分销渠道一旦建立便难以变动，因而绿色产品分销渠道的构筑必须十分慎重。绿色分销渠道的构筑可以采取以下策略。

一是企业应根据绿色产品、市场特性及企业自身状况，考虑尽量采用短而窄的分销渠道。

二是考虑是否选用中间商。企业最好建立自己的绿色分销系统，因为这样可以直接面向消费者，并获得对分销渠道的完全控制，以求最大限度地减少分销过程中的污染和社会资源的损失，同时可以直接在市场上建立知名度，向顾客直接提供更完善的服务。所以如果企业的经济实力雄厚，并试图直接在市场建立知名度或向顾客直接提供完善的服务等，就应建立自己的销售系统，直接控制分销渠道。

三是如果限于各种内部（例如实力不够雄厚）和外部的因素，必须采用中间商时，企业应详细考察中间商的绿色声誉，如是否关心环保、服务社会，在消费者心目中有无良好的信誉，是否具有与本企业相同的绿色意识，有无良好的绿色形象以及是否能真正与企业合作等。企业对中间商进行包括以上事项的考察，并进行比较，慎重选择渠道成员。有时企业可以借中间商的好的绿色声誉推出其绿色产品，提升其产品的绿色形象。

四是如果利用中间商分销商品，在进行选择时要注意中间商不经营与本企业产品相排斥、相对立的产品，而应是相互补充的产品，这样更便于中间商认真推销绿色产品。

五是鼓励中间商从自身条件出发，推行绿色营销，创造和维持自己的绿色形象，以此吸引客户，增强竞争力。

六是要注重对销售人员的选择培训。从事绿色产品销售的人员应该热爱本职工作,对环保问题非常熟悉,对本企业及绿色产品有比较全面的了解。

七是以回归自然的装饰为标志建立绿色产品专柜或绿色产品专营机构,推出系列绿色产品,以产生群体效应,便于消费者识别和购买。

八是开展绿色产品直销活动,以缩短分销路径,提高效率,保证"绿色"不在分销渠道中"流失",节约成本,减少污染。

九是利用互联网进行绿色分销。互联网用户数量众多,大多受过良好的教育,而且大部分还是"环境敏感"的消费者,这为企业开展网上绿色营销提供了可能。利用互联网进行绿色分销有以下优点:①这是一种最简洁的分销方式,符合"绿色分销"的中心原则,与绿色营销的指导思想是一致的。②这种方式成本较低,符合经济原则。③这种方式较易于对信息及反馈的控制。④与消费者直接接触,及时与他们交流,符合"适应性原则"。⑤网上用户越来越多,用这种方式扩大了企业的市场覆盖面,提高了企业分销效率。⑥能收集准确及时的相关信息。

十是建立绿色物流体系。其一,运输工具选择,要选择使用无铅燃料、有污染控制装置、耗能少的运输工具,并选用运载量适宜的运输工具。其二,要统筹运输路线,缩小运输距离。其三,要改善储运条件和其他设备,减少储运过程的浪费。四是要合理设置供应配送中心和简化供应配送体系,降低资源消耗和货损量。

十一是国家要进一步健全绿色法律法规,完善绿色奖励政策,推进流通领域发展绿色营销,降低生产企业建立绿色分销渠道的成本,保证绿色产品和产业的健康发展。

三、绿色产品促销策略

促销就是营销者向消费者传递有关本企业及产品的各种信息,说服或吸引消费者购买其产品,以达到扩大销售量的目的。

促销实质上是一种沟通活动,即营销者(信息提供者或发送者)发出作为刺激消费的各种信息,把信息传递到一个或更多的目标对象(信息接收者,如听众、观众、读者、消费者或用户等），以影响其态度和行为。常用的促销手段有广告、人员推销、网络营销、营业推广和公共关系。

企业绿色营销战略可根据实际情况及市场、产品等因素选择一种或多种促销手段的组合。

（一）绿色产品促销的含义

绿色产品促销相对于普通产品，除了一般产品需要采取的手段，区别主要体现在促销过程中重点突出产品本身"绿色"的信息特点。

（二）绿色产品促销的方式

绿色产品促销的基本方式有人员推销、广告、营业推广和公共关系四种类型。

1. 人员推销

人员推销是指企业通过派出销售人员与一个或一个以上可能成为购买者的人交谈，做口头陈述，以推销商品，促进和扩大销售，使购买者购买某种商品或劳务的过程。

2. 广告

广而告之之意。广告是为了某种特定的需要，通过一定形式的媒体，公开而广泛地向公众传递信息的宣传手段。广告有广义和狭义之分，广义广告包括非经济广告和经济广告。非经济广告指不以营利为目的的广告，又称"效应广告"，如政府行政部门、社会事业单位乃至个人的各种公告、启事、声明等，主要目的是推广；狭义广告仅指经济广告，又称"商业广告"，是指以营利为目的的广告，通常是商品生产者、经营者和消费者之间沟通信息的重要手段，或企业占领市场、推销产品、提供劳务的重要形式，主要目的是扩大经济效益。绿色广告即通过广告对产品的绿色功能定位，引导消费者理解并接受广告诉求。在绿色产品的市场投入期和成长期，通过量大、面广的绿色广告，营造市场营销的绿色氛围，激发消费者的购买欲望。

3. 营业推广

这是一种适宜于短期推销的促销方法，是企业为鼓励购买、销售商品和劳务而采取的除广告、公关和人员推销外的所有企业营销活动的总称。

绿色推销与绿色营业推广即通过绿色营销人员的绿色推销和营业推广,从销售现场到推销实地,直接向消费者宣传、推广产品绿色信息,讲解、示范产品的绿色功能,回答消费者绿色咨询,宣讲绿色营销的各种环境现状和发展趋势,激励消费者的消费欲望。同时,通过试用、馈赠、竞赛、优惠等策略,引导消费兴趣,促成购买行为。

4. 公共关系

公共关系是指某一组织为改善与社会公众的关系,促进公众对组织的认识、理解及支持,达到树立良好组织形象、促进商品销售的目的的一系列公共活动。它本意是社会组织、集体或个人必须与其周围的各种内部、外部公众建立良好的关系。它是一种状态,任何一个企业或个人都处于某种公共关系状态之中。

绿色公关即通过企业的公关人员参与一系列公关活动,诸如发表文章,演讲,影视资料的播放,社交联谊,环保公益活动的参与、赞助等,广泛与社会公众进行接触,增强公众的绿色意识,树立企业的绿色形象,为绿色营销建立广泛的社会基础,促进绿色营销业的发展。

(三)绿色产品促销策略分析

企业在制定促销策略时,可以单独采用一种方式,也可以将促销手段中的两种或两种以上的促销方式有计划、有目地综合搭配,协调使用,这就是促销组合。

1. 绿色产品的广告策略

广告是由明确的主办人发起,通过付费媒体实施的一种非人员沟通方式,是公司用以对目标顾客和公众进行直接说服性沟通的四种主要工具之一。广告有许多作用:长时期内树立组织的形象(机构广告),长时期内建立某一特定品牌的形象(品牌广告),传播有关销售、服务或活动的信息(分类广告),公布某项专门性推销(推销广告)以及提倡某项事业(提倡性广告)。绿色产品的广告是强调绿色产品"环境友好"的特性广告。所谓"环境友好",指的是可降解、可循环、低污染及节能等特性。绿色产品广告具有一般广告的内涵及特征,但是绿色产品的广告目标及重点、诉求对象和媒体选择都有其独有的特征。

(1)绿色产品的广告目标及重点

所谓广告目标是指在特定时期内,对于某特定观众所要完成的特定的传播任务。许多特定的沟通和销售目标都可转让给广告。绿色产品的广告规划第一步就是确定广告目标。这些广告目标必须服从公司已制定的有关绿色产品目标市场及市场组合和营销组合诸决策。这些市场定位和组合战略限定了广告在整体营销规划中必须做的工作。

在我国现阶段,绿色企业在制订绿色产品广告目标时,必须考虑到我国消费者的绿色消费意识及其所处的阶段,绿色产品的特性及其所处的产品生命周期阶段,绿色产品的市场竞争状况等因素。因此,现阶段绿色产品的广告目标包括引导、告知、说服和提醒四个阶段。

绿色产品的引导性广告一般用在绿色需求尚不旺盛、绿色产品市场尚未大规模的形成阶段。在这一阶段,绿色产品的广告目标主要是引导消费者对生活环境和生活品质的重视,增强大众的环保意识,从而促进绿色消费行为的产生,培育绿色产品市场。

绿色产品的告知性广告主要用于市场开拓阶段,其目的是向市场介绍绿色产品的特性,如产品成分的纯天然性,产品在使用过程中和使用后不会对环境造成危害及污染。

绿色产品的说服性广告在市场竞争比较激烈的阶段十分重要。这一时期,公司的目的在于建立对绿色产品品牌的选择性需求,吸引新顾客,促进绿色产品消费者购买本公司的绿色产品。

绿色产品的提醒性广告通过不断地向消费者灌输本公司的绿色产品的信息,使消费者在重复性地接受过程中,铭记本公司绿色产品的品牌。其目的是保持消费者对该绿色品牌的忠诚,让现有的消费者相信他们购买该品牌的绿色产品的决定是正确的。

（2）绿色产品广告的诉求对象

所谓诉求就是信息传播者要决定对目标观众说些什么,以期产生所希望的反应。诉求一般可分为三类:

①理性诉求:观众自身利益的要求,它们显示产品能产生所需要的功能利益。它向观众展示产品质量、经济、价值或性能的信息。

②感情诉求:试图激发起某种否定或肯定的感情以促使其购买。信息传播者传播带有害怕、内疚和羞愧等要求的信息,以使人们去做该做的事或停止做不该做的事。

③道义诉求:用来指导观众意识分辨什么是正确的和什么是适宜的。它常常被用来规劝人们支持社会事业。

一般来说,绿色产品的广告诉求对象主要包括三个方面:

①绿色产品。绿色产品是广告诉求的主题。绿色产品广告通常表现绿色产品最重要的绿色特性的信息,如有利于身体健康、节能、对环境不会造成危害或污染较小等。

②绿色文化。在绿色消费意识淡薄、绿色需求不旺时,企业应该把绿色文化作为主要的诉求对象。绿色文化的核心是绿色价值观,它包括人热爱自然、与自然和谐相处的思想观念,追求安全、健康、高品质绿色生活方式等。

③企业。企业也是重要的广告诉求对象之一。通过广告,树立良好的企业形象。绿色产品广告向绿色消费者传播有关企业在环境保护、维护生态平衡等绿色行为的信息,赢得公众的好感,从而树立良好的企业形象。

（3）绿色产品的广告媒体选择

广告媒体日趋多样化、现代化,从传统的大众传媒(宣传单、报纸、杂志、电视、广播）发展到现在的电子网络媒体。各种不同的传播媒介有其特定的针对性和特点，因而在选择媒体时，要充分考虑各种媒体的特点，结合产品的性质、广告信息接收者的偏好及广告预算水平，选择最适宜的媒体。

在选择绿色产品的媒体时，除了必须了解各类主要媒体在触及面、频率和影响等方面所具备的能力及优缺点，还必须考虑以下几个重要的方面。

①绿色消费者的媒体习惯。绿色消费者一般都具有较好的经济生活水平，受过良好的教育，追求休闲、健康、安全的生活方式，因此网络、专业性休闲杂志对其有较大的吸引力。

②绿色产品所表达的主题。如果所表达的主题是树立一种健康、自然、和谐的高品质生活，那么用电视广告则能达到较好的效果。

③绿色产品的类型及特点。如果绿色产品是属于工业用品，具有节能、低污染和安全的技术特性，则适宜采用专业性杂志。

④媒体本身的绿色特性。也就是说，所选择的媒体本身应有利于环保或至少不污染环境，不破坏自然和谐，能够高效地使用资源，或者媒体所表达的内容具有宣传环境保护、维护生态平衡的特性。因此，散发宣传单或在风景名胜处竖立一块巨大的广告牌等这类方式就不宜采用。

⑤广告费用"绿色"原则。应选择目标顾客涵盖率高、成本又较便宜的媒体来传递绿色信息，尽量节约广告费开支，减少资源的浪费。

2. 绿色产品的公共宣传策略

公共宣传是一个重要的促销工具，特别是在广告媒体费用居高不下、干扰增多、观众越来越少的情况下，公共宣传是一些公司广泛采用的宣传形式。公共宣传包含以不付费的方式从所有媒体获得编辑报道版面，供公司的顾客或潜在顾客阅读、看到、听到，以达到帮助实施销售的特定的目的活动。良好的公共宣传，有时其效果是惊人的。由于绿色产品的促销和宣传应遵循"绿色"原则，应充分节约各种费用和资源,所以公共宣传这种低成本的宣传工具应成为绿色企业广泛采用的宣传方式。

（1）公共媒体宣传

现在许多绿色企业建立公共宣传小组对产品促销和形象建立给予支持和协调。公共宣传小组的主要任务除了以不付费的方式得到印刷或广播媒体的编辑位置,用以宣传绿色产品、渠道或人物,还需完成以下任务。

①辅助推出绿色产品。通过组织绿色新产品的技术鉴定会,向目标市场推出公司即将推出的新产品。

②辅助成熟产品重新定位。通过挖掘和宣传成熟产品在环保方面的特性,将其定位为绿色产品。

③培养对绿色产品的消费意识。通过公共宣传,增强人们对环境的保护意识及责任,从而改变消费习惯。

④增强绿色消费者对本公司绿色产品的信任度和忠诚度。通过组织报道来传播绿色信息以建立信任。

⑤树立绿色企业形象。通过参与环保活动及支持环保慈善事业,获得公众(特别是绿色消费者)好感,从而在市场树立企业的绿色形象。

⑥激励销售队伍和中间商。通过绿色公共宣传,企业可以和当地政府或社区建立良好的关系,从而有利于开拓市场,吸引中间商。

⑦降低营销费用。同出版社等媒体单位及环保组织建立良好的关系,这些组织能够免费为公司做宣传,从而降低营销费用。

公共宣传小组通常采用以下几种工具来完成上面所提到的任务。

①出版物。公司在很大程度上依赖沟通材料——出版物来接触和影响目标市场。这些出版物包括绿色小册子、文章、视听材料和公司的杂志等。在通知目标顾客时,绿色小册子扮演着重要的角色,它告诉绿色消费者产品所具有的绿色特性以及这种产品是如何生产或通过哪种绿色渠道到达目标市场。

②事件。绿色企业可以安排特殊事件来吸引对本公司绿色新产品及公司其他事务的注意。这包括新闻发布会、技术鉴定会、展览会及对环保组织或环境工程提供资助等可接触到目标公众的方式。

③新闻。公共宣传人员的一个重要职责是发现或创造有关公司、产品及人物的新闻。公共宣传人员不能只有制造新闻故事的技巧,让媒体接受新闻稿件或参加新闻发布会,还需要营销技巧和人际关系技巧。

④公众服务活动。公司通过慈善事业,特别是有关保护环境的事业做时间或资金上的贡献,能提高公众对公司的好感。

（2）企业绿色行为宣传

企业绿色行为是指企业在生产经营过程中做出的有利于保护生态环境、减少污染,充分节约资源以及有利于健康的一系列活动。这些行为包含了向市场提供绿色产品,使用不会或较少污染环境的设备,使用不会对环境造成危害的或可回收的包装,采用绿色技术参与社区的环境保护及建设,支持绿色团体等活动。企业把其所做的绿色行为告知消费者,争取绿色消费者的认同及好感,从而树立良好的绿色企业形象。因此,绿色企业行为宣传的主要目的是树立企业的绿色形象。

绿色企业不仅应承担更多的社会责任,在环保方面做出更多的绿色贡献,而且应该把其所做的绿色贡献及为社会创造或增加的绿色价值告诉消费者,使绿色消费者认同,接受绿色产品中所包含的绿色价值。企业在进行绿色行为宣传时应遵循客观、实在的原则,因为绿色消费者大多数是成熟的、谨慎的、要求严格的消费者,所以在进行绿色行为宣传时,要谨慎,不能有虚假和夸大行为,否则不但不能树立良好的绿色企业形象,反而会"声名狼藉"。

企业进行绿色行为宣传时,应强调这些行为对消费者直接切实可见的利益。尽管绿色消费者关心产品对环境的益处,但他们更关心产品对自己的主要利益。所以善于把绿色行为的利益表述成最直接可见的利益形式,同时让顾客意识到这些行为不仅能提供直接的物质利益而且亦有利于环保,更能增强公众的认同和信任。

还应注意的是企业绿色行为的一致性和连贯性。企业偶尔有破坏或污染环境的行为,一旦这种行为被公众获知,那么长期树立的绿色形象很快就会瓦解。如果企业没有后续的、进一步的绿色行为,公众会认为以前的绿色行为只不过是偶尔的、一时的热情,从而无法保持企业在公众中的良好形象。

3. 绿色产品的促销组合策略

(1)绿色产品的促销组合因素分析

绿色企业在选择促销方式及决定促销组合时,受一些因素的影响和制约。这些因素包括:促销目标、市场特点、产品性质、产品的生命周期、产品的价格、分销渠道、促销预算等。

①促销目标。在不同的市场环境下,在不同的时期,企业所实施的特定促销活动都有其特定的促销目标。促销目标不同,促销组合也随之变化。例如,在一定时期内,某绿色企业的营销目标是在目标市场上迅速增加绿色产品的销售量,那么,该企业的促销组合就是要强调这种短期效益并为此服务,企业将更多地使用营业推广、人员推销和广告;若企业的营销目标是引导绿色消费方式,则更多地采用广告这一媒介;若企业的营销目标是树立良好的企业形象,以利于长远发展,则侧重于使用企业广告和公共宣传两种促销方式组合。

②市场特点。绿色消费者大多具有良好的经济条件和文化水平,一般都集中于大中城市。所以绿色企业在选择促销方式、决定促销组合时宜采用区域性电视广告、公共宣传、营业推广三种方式。

③产品性质。产品性质不同,消费者的购买习惯和购买行为及目标群体也会存在着很大的差距。如果该绿色产品属于纯天然没有受污染等特性的消费品,则其目标顾客是广大绿色消费者,这时宜采用广告这一大众媒介;若该绿色产品属于不会或很少污染和破坏环境的节能型工业用品,其目标顾客分散且数量较少,这时

宜采用人员推销这一促销形式。

④产品的生命周期。在绿色产品导入期,潜在的绿色消费者对新产品比较陌生,接受能力弱,这时促销的目的是将新产品所具有的绿色特性告知顾客,激发绿色需求,这一时期适合采用引导性和告知性广告或人员推销。在产品成长期,消费者对产品已经逐步了解、熟悉,销量和利润上升,同时竞争对手开始进入市场,这时促销的目标是激发顾客的选择性需求及建立品牌偏好,这一时期适合采用说服性广告。在产品成熟期,产品全面进入市场,销售量的增长速度开始减慢,需求基本饱和,竞争者很多,但竞争态势比较稳定,这时促销的重点是提高原有顾客的忠诚度,树立企业的绿色形象,这一时期侧重于采用提示性的企业形象广告,可配合使用公共宣传媒介。在产品衰退期,应逐步削减促销预算,一般把营业推广作为重点,配合少量的提示性广告。

⑤产品的价格。对于价格低廉的日用消费的绿色产品,利润较低,需要大批量销售,采用广告效果好。对于价格较高的工业型绿色产品,则适合采用人员推销方式。

⑥分销渠道。如果绿色产品是工业用品,企业通常采用人员上门访问推销的方式;日常消费的绿色产品,销售渠道较长,则通常采用广告促销方式。

⑦促销预算。由于绿色产品促销预算必须遵循"绿色原则",尽量节省和充分利用资源,所以不宜采用大量的电视广告形式,应多采用公共宣传的促销方式。

（2）绿色产品的促销组合策略分析

企业的促销策略包括推式策略和拉式策略两种。

推式策略是指利用推销员把产品推销给中间商,中间商再把产品推销给消费者;拉式策略是指企业针对最终消费者,花费大量资金从事广告促销活动,以增加产品的需求,消费者向零售商要求购买产品,从而又促进中间商向企业购买产品。

企业是选择推式还是拉式策略来创造销售,对促销组合也具有重要的影响。

促销组合策略受一系列因素影响,诸如产品类型和市场类型特点、促销目标、产品生命周期等。然而在讨论促销组合策略选择时,最主要的考虑因素是产品类型。

绿色产品按环保特性划分为没有受污染的纯天然产品、节能的产品及对环境不会造成污染或危害的产品等三种产品类型。

根据实际市场状况,结合目标顾客的类型,绿色产品可进一步划分为:①没有受污染的、纯天然的日常消费品;②节能的、不会对环境造成污染或危害的耐用消费品;③节能的、不会对环境造成污染或危害的工业用品。

由于绿色产品的促销应遵循"绿色原则",节约和充分利用资源,所以广告的使用幅度比一般商品要小。绿色消费者大多数文化层次较高,购买商品时充满理性,所以一般的营业推广如购买折扣、优惠券、有奖销售等对其吸引力不大、促销效果不佳,采用的幅度比一般商品要小。相反,企业绿色形象及行为的公共关系这一促销方式采用幅度比一般商品要大。当然,促销组合还应遵循两个重要原理:一是对于消费者来讲,其促销的主要工具应是广告;二是对于工业用品来说,其促销的主要工具应是人员推销。

第三节　绿色营销创新

一、绿色营销观念的树立

绿色营销观念,是指企业在营销活动中,要注重全球生态环境保护,注重经济与生态协调发展,实现企业利益、消费者利益、社会利益及生态环境利益的统一。绿色营销观念是众多大型企业在绿色浪潮的环境下产生的具有指导性的营销思想,相较于传统营销观念,绿色营销观念首先建立在环保的基础上,使得企业的立足点发生新的转移,有利于企业与社会的长远发展。

（一）绿色营销观念的提出背景

社会经济的飞速发展,在为社会创造巨大财富,给广大消费者提供物质利益及给企业带来巨额商业利益的同时,严重地浪费了自然资源,破坏了自然生态平衡,造成恶劣的社会环境,威胁着人类生存环境的良性循环。因此,要求企业在开展营销活动的同时注重保护自然环境、治理环境污染、解决恶劣的社会环境。也就是说,要求企业顺应时代潮流,树立绿色营销观念,开发绿色产品,开拓绿色市场。

（二）绿色营销观念的内涵

绿色导向的营销观念是适应当今经济活动中广泛存在的绿色需求而产生的一种新的营销观念,它是在全面考虑企业利益、消费者利益以及生态环境利益的基础上,识别特定的绿色需求,通过符合绿色标准的企业行为开发出能够满足上述各主体利益需求的绿色产品与服务,促进经济、社会与生态环境的持续协调发展的一种营销管理思想。可以看出,绿色营销观念是一种追求整体利益最大化的营销观念。

（三）绿色营销观念的内容

具体来讲,绿色营销观念的思想主要包括以下内容。

第一,绿色营销观念是建立在绿色需求观基础上的一种营销观念。绿色需求是在市场经济社会中,具有相应支付能力的消费群体希望购买能够满足其自身物质与精神需要、符合生态标准的产品与服务的一种欲望。需求是需要在市场上的转化形式,绿色需要是人类各种需要在生态经济阶段更高层次、更高质量的表现形式,它是在生产力发展水平达到相当层次的前提下才以特定的形式出现的。在工业经济阶段,绿色需要只是以潜在的形式存在,不为人们所感知。当工业经济发展导致的生态系统失衡达到一定程度后,人类对自身健康与生存的迫切关注促使绿色需求的形式在市场中出现,因此绿色需要是绿色营销观念产生的原动力,绿色需求则是这种原动力的外在表现形式。

第二,绿色营销观念中的利益体系的各个构成要素之间体现出一种相互依赖的关系,并不以其中某一要素为核心,因此是一种平衡的利益关系。传统营销观念的利益体系存在的最大问题在于利益交换行为的不平衡性。人类中心论的存在导致交换行为的主要利益集中于人类身上,环境作为利益主体,其付出大于获取。绿色营销观念的宗旨是在降低人类与环境之间,特别是企业与环境之间的利益交换的不平衡性与非等价性,形成一种平衡的利益索取与贡献关系。

第三,在绿色营销观念中对消费的作用的认识从手段论向目的论回归,消费的作用主要体现在促进人类自身生理与心理的平衡发展以及人类生态系统之间的协调发展方面。一方面,绿色营销观念强调环形消费模式与可持续消费思想。其中,环形消费模式的特点在于,企业利用来自生态环境的资源生产产品,并提供给消费者以满足其需求。企业生产过程与消费者使用过程中产生的废物并不直接弃之于环境中,而是在消费者的配合下由企业回收利用,并重新投入生产与消费过程中,这一系列过程构成了一个具有一定封闭性的回路结构。另一方面,企业将其部分价值以特定形式返还到环境中,以维持并提高环境的资源提供和净化能力。在消费思想方面,绿色营销观念反映了可持续消费思想,该思想的精髓是在特定的环境条件下,在确保适当的消费水平、合理的消费结构以及进步的消费方式的基础上,既能满足当代人消费的需要,促使其全面发展,同时又不损害后代人合理消费的能力。

第四,绿色营销观念中顾客的内涵得到进一步丰富,生态环境成为企业的特殊"顾客"。在绿色营销观念指导下的企业眼中,生态环境同样是企业的重要"顾客",企业、顾客与生态环境之间同样需要保持一种互利的交换关系。生态环境作为顾客的价值在于它为企业以及其目标顾客提供了满足需求所必需的各种资源以及生存的基本条件,但是这种价值在一定条件下又不是无穷的。因此,企业必须对这一特殊顾客提供一定的价值回报,以维持和提高环境为之提供资源的潜力。

总之,绿色需求与绿色营销既是经济全球化的需要,也是经济、社会、环境可持续发展相互协调的需要,更是企业争夺市场制高点、培育新的核心竞争力的有效途径,因此基于这一客观现实,企业必须在绿色营销观念的指导下,创造绿色需求,开发绿色产品,宣传绿色形象,全方位地致力于绿色营销。

（四）树立绿色营销观念的必然性

绿色营销的核心是按照环保与生态原则来选择和确定营销组合的策略,是建立在绿色技术、绿色市场和绿色经济基础上的、对人类的生态关注给予回应的一种经营方式。其最终目的是在化解环境危机的过程中获得商业机会,在实现企业利润和消费者满意的同时,达成人与自然的和谐相处,共存共荣。

第一,树立绿色营销观念,有利于企业按照环保与生态原则来选择和确定营销组合的策略。绿色营销,是以绿色文化观念作为价值导向。随着环境教育的普及,生态观念和绿色意识将渗透到人类生活的每一个层面,成为影响未来社会政治、经济、文化发展的一个重要因素。

第二,树立绿色营销观念,有利于全社会经济观念和经济行为的转变。传统的生产方式和企业行为缺乏生态观念,那种对自然资源采取杀鸡取卵、竭泽而渔的方法,必然会造成环境污染和生态破坏,严峻的现实要求我们必须由单纯追求经济目标向追求"经济—生态"双重目标转变,资源配置逐步向"可持续发展战略"转变,企业行为将越来越理智、克制和具有合理性。

第三,树立绿色营销观念,有利于人类社会建立一种全新的生产方式。"绿色技术"是以生态工程和基因工程相结合的新兴领域。随着"绿色科技"渐居人类生产方式的主宰地位,一个环境协调的、清洁的、无公害的"绿色产业"登上21世纪的舞台,从而使人类的生产方式出现根本性的改观。

二、绿色产品的设计

工业设计领域对生态问题的关注主要归因于产品系统设计理念的广泛传播。产业革命之后,科学技术以及生产方式的进步为人类提供了充足物料供给的同时也带来了严重的生态环境破坏。随着破坏程度的加剧,人类开始反思自身的发展过程,绿色设计思想就是在此基础上产生的。它将"天人合一"式的生态伦理发展思想作为评价设计优劣的重要标准,并进而将设计的关注重点从原来的终端产品延伸到了其作为一种客观事物的整个"存在"过程。

(一)产品设计中的绿色价值观

随着时间的推移,绿色设计思想逐渐深入人心。即使是普通用户现在购买商品时,也会对产品的环保特性提出具体要求,如材质是否符合环保标准,使用中是否会产生有害气体进而危及健康等方面。但这只能算是绿色设计概念在消费者心目中的朴素认识,真正的绿色设计内涵远不止于此。优秀的绿色设计除了应将产品对终端使用环境的生态影响降至最低,更重要的是应在其完整产品生命周期的不同阶段表现出优良的环境友好特性。

这就要求设计师将设计着眼点从原先对设计对象的独立关注调整为对设计体系的整体审视上来,并慎重对待和使用设计系统中的能量与材料,尽量做到节约、无害、可循环转化或再生,把产品对自然生态环境的影响降到最低。根据产品不同生命周期阶段的特点,设计师需要考虑的绿色设计要素主要包括以下内容。

1. 可能涉及的资源要素

生产过程中所需求的人力资源(某种程度上对人的使用,全手工、机械化或是自动化)、设备资源(设备的科技含量及利用率)以及材料资源(包括材料的利用率、回收特性、可降解及不可降解材料的比例)。

2. 生产环节的环境污染可能

产品生产环节可能产生的环境污染包括:空气污染、水体污染、固态垃圾,噪声等。

3. 产品的基本属性

产品质量评价方面的等级品率、销售比率,产品的安全特性、可拆卸结构以及产品后期使用过程中的维护、维修成本等；产品功能特性方面的产品实用性、功能传达以及品位塑造等。

4. 产品的能源特性

生产过程中所使用的能源类型、能源效率以及产品回收环节的能耗指标。

（二）绿色产品设计的特征

绿色产品设计是一个系统工程，众多的系统影响要素要求设计师在设计战略阶段就要针对产品不同生命阶段的特点选取对应策略来抑制或消除其对环境造成的压力或破坏。但鉴于绿色产品设计系统及其影响要素体系的复杂性，设计师若想在并行设计过程中对产品的设计结果具有足够的掌控度，首先应明确绿色产品设计的具体特征，以便借此制定后续策略。这些特征具体表现为：

1. 环境友好特性

基于绿色设计思想的产品设计是通过对产品不同生命阶段设计影响要素的系统优化，降低甚至消除产品生产、流通、使用、回收等环节对环境造成的压力或是破坏。对产品环境亲和力的考量是绿色设计思想从全局高度对现代产品设计提出的具体要求，是对产品基本环境属性的定性描述，设定了产品绿色设计特性的评价基准。通过对产品环境友好特性的全生命周期关注，能够确保设计师从产品设计的初期阶段就能够从"人——产品——自然"系统动态平衡的角度去思考设计，进而保证新产品出现引发的生态变化在可控和可恢复的阈限内。

2. 功能的全生命周期化

根据产品系统设计理论来看，功能是将各系统设计要素联系成系统整体的重要引力要素。而就产品的绿色设计而言，设计师只有将绿色设计的定性需求根植于消费者的某种具体需求之上，才能实现产品在消费市场的有效推广。这就要求设计师找到一种将消费者需求和绿色设计原则结合并量化的有效途径，并在过程中尝试将产品的实体功能转换成贯穿产品生产、流通以及消费等产品生命周期不同阶段的设计目标和准则,从而保证最终制成品在满足市场需求的基础上不破坏原有的生态平衡。

3. 创新的价值理念

绿色产品设计是在产品系统设计框架内对产品环境效能的充分考量,其具体过程是对与产品相关的生产、流通、使用以及回收等多个系统流程进行综合创新以及调校的复杂工程。该过程同时还是一个价值创新过程,因为成功的产品开发不但能为制造者带来商业利润、为使用者带来功能价值,还会因其优秀的系统特性为与之构成某种系统关系的相关产品带来新价值。比如,良好的拆卸性能不但会节约装配时间进而降低生产成本,同时也能为产品的回收处置创造新价值。对比于原先的末端治理方式,绿色产品设计是一种更加积极、有效的"产品—环境"交互策略,可以保证因新产品出现导致的环境问题在产品生命周期轴线上得以完善解决。

(三)绿色产品设计的原则

1. 绿色产品设计材料选择的原则

与传统的产品设计理念相比较,绿色产品设计的理念要求在产品设计的全部过程中都要做到认真贯彻执行,为了满足在产品的整个生命周期中都围绕绿色设计的理念,设计师首先就要从产品材料的选择上做好决策。因此,在选择材料时要首先考虑材料对环境可能产生的影响,要尽量选择可回收材料、可再生材料、可降解材料和低碳节能型材料,从而减少对环境所产生的不良影响。同时为了提高回收利用的效率,要在材料选择中减少使用材料的种类,使用兼容性较强的材料并且鼓励选择重新利用的材料。

2. 绿色产品设计结构选择的原则

传统的产品设计中仅是考虑了产品装配的过程,从未考虑过产品的拆卸过程,而绿色设计却要求在产品报废之后其内部结构零件可以高效安全地拆卸下来使其能够重新利用,达到节约适度和绿色低碳的目的,因此设计师在进行产品设计时,要充分考虑到内部结构可拆卸性,使其产品可以最大限度地实现材料的回收利用,避免资源的浪费。同样为了提高回收利用的效率,要在结构选择中选择使用与标准循环利用过程相兼容的结构零件并且鼓励选择重新利用的结构零件。

3. 绿色产品设计回收以及循环利用的原则

产品在使用后的可循环利用原则符合现在社会可持续发展的理念。绿色发展理念既有着深厚的历史文化渊源,又科学把握了时代发展的新趋势,体现了历史智慧与现代文明的交融,对建设美丽中国、实现中华民族伟大复兴中国梦具有重大的理论意义和现实意义。因此,将绿色设计理念应用于产品设计中,当然不仅要考虑材料和结构的选择,更为重要的是还要考虑产品在使用之后的回收以及如何更加合理地进行循环利用。要尽早地将产品制造的约束考虑其中,从而在产品设计的制造过程中完成产品可制造性的检测,使产品结构更加合理,制造更加简单,同时符合绿色设计的理念。

(四)绿色产品设计的策略

绿色设计理念是对产品在其生命轴线上的全局价值思考,对于原先的产品设计系统来说是一套全新的、集成化的技术指标体系,其推崇的生态美学观点也有别于现代美学思想。这些变化与新特征要求设计师在发挥其设计天赋的同时,制定出完善的设计策略从而保证在设计实践过程中有具体的路线参考。

1. 系统化策略

从本质上说,绿色产品设计是将旧有的"单体"设计模式转换为全新的"系统"规划模式。"单体"式的产品设计表现为能量及信息的单向传递,属于封闭系统的范畴,自我调节能力较差、材料及能量的利用率低,没有明确的能量、材料循环过程,对外的表现是一种对自然资源的非平衡性利用。"系统"化的产品设计则是从人、产品与自然和谐的角度去思考设计,倡导降低能源的消耗及能量的循环利用。

同时,"系统"理论指导下的产品生产过程更关注于物料的物尽其用以及材料生产的良性循环,其与自然及社会环境组成的系统具有更强的自调节特性。进一步来说,绿色产品设计不只是在终端产品上满足几项生态指标,而是通过系统化的设计策略,努力做到产品生命过程与生态环境之间的有机结合,并要求设计师转换思维方式,利用系统化的设计理念,通过一种更能体现合作性、包容性和同情心的思想体系来改变当前产品设计非整体、非系统化的设计格局。

2. 多元共生策略

任何事物都不是孤立存在的,产品和其他人造物一样是人类在认识自然、了解自然、利用自然的基础上设计、制造出来的,它的出现不应打破"人——自然"之间的平衡关系,而应该实现"人——产品——自然"三者之间的和谐"共生"。这里所谓的"共生",指的是构成不同系统的各个个体和单元通过彼此的合作、妥协以及相互适应达到的某种动态平衡。

在此状态下,所有系统内的个体、单元不但能作为其自身独立存在,同时还能为其他个体、单元提供能量、信息、便利等存在、发展要素,并通过互惠互利的方式实现系统价值的最大化。以共生为原则的绿色产品设计要求整个设计体系及其成果不但要符合人类发展的需要,同时还应满足与自然环境的和谐共存。

作为设计师则需要在产品生命周期范围内思考产品及设计活动的生态影响,并保证整个设计体系在框架制定、材料及生产工艺选择、废弃物处理等多角度的共生状态。需要注意的是,设计体系与生态环境之间的作用是相互的,更是开放的,需要设计师用发展的眼光去看待和处理正在遭遇以及将要面临的设计问题,不能将共生策略的影响要素简单局限在当前的认识或是前人经验上。

3. 文化生态策略

产品是承载和传播人类文化的重要实物载体,在当代产品设计进程中应遵循的"文化生态策略"指的是在现代系统设计框架下维持产品设计的文化多样性,从而保证不同地域、民族的文化特色能够经由现代产品继承并发扬下去。该策略可以看作是对现代出现的"国际主义""普适性设计"设计风格的一种反叛,长期的设计实践也告诉我们,适合所有人的设计最终是不适合任何人的。另外,从绿色设计的角度思考产品设计对文化生态的影响,是从一个更加宏观的角度去思考设计活动,强调设计过程中的文化思考以及对设计个性及差异的尊重,鼓励设计方案的文化多样性,提倡从不同地域、民族的文化、历史及环境等角度去综合考量当代产品设计,要求设计师结合当地自然及文化生态特色,利用本地材料甚至设计及制作手法,同时借助新技术及新材料创造出符合当地及本民族文化特色的新产品,从而保证这一文化重要载体表现出应有的历史文脉特征。

4. 适度伦理策略

优秀的设计应该遵循如下 3 个原则。

第一,设计的服务对象应是普通民众,而非占人类世界少数的富裕阶层,他尤其强调设计师应关注发展中国家人民的生活状况。

第二,设计除了应满足健全人的需要,还需考虑为残障人士提供便利。

第三,设计应节约并保护不可再生资源。

这些理论对现代设计的重要意义就在于经由具体的设计原则向人们传递了设计伦理的概念。设计师要从可持续发展的角度去思考设计,而非传统的功能和形式;设计应以社会体系重要缔造者的身份来呈现,而非简单地对人类生活的美化和优化。这种思考使得"产品——环境——人"三者之间的关系更加紧密,同时将生态设计的重要性提高到了人类基因延续的高度上来。

5. 高新技术生态策略

有人认为,高新技术的出现加速了自然环境的恶化,这种观点显然是片面的,我们不能因为一两次生态事件就将技术成就置于人类发展的对立面。产品设计领域对生态意识的推崇也绝不仅限于推广对自然材料的使用,更不会盲目排斥高新技术的应用,但它反对生态控制中的技术至上倾向。绿色设计思想主张设计师在产品的不同生命阶段审慎选择技术手段,但并不存在所谓的就低或就高原则,而是从生态效益的角度去评价与规划产品不同生命阶段的实现及处理可能。在该策略框架下,设计师除了可以借助高新技术手段保证产品具有优良的生态属性,还可以尝试用新的技术解决方案实现产品功能的生态化。

借助这一策略,高新技术可以在产品设计领域寻找到一个自身发展与生态平衡保持之间的新定位,并通过产品与生态环境的和谐共生,以一种更加具体的形式来展现其积极价值。

将绿色设计思想引入产品设计是设计领域一次观念的大变革。在该思想体系内,任何产品都有一个"诞生—生长—成熟—衰亡—再生(不同形式的)"的生命周期过程,并且可以被当作生命体来对待。这种思考使得三个"生命体":人、产品、环境构成的系统及它们之间的关系变得更加鲜活;同时,该三位一体的关系系统还向人们直观传递了各构成要素之间相互促进又相互制约的辩证关系。另外,绿色设计思想体系中生命周期概念的引入,除了可以让设计师以一种非常直观的方式深入了解产品的生态影响并在设计过程中加以消减,还能为生产者在产品的生命周期轴线上标示出产品不同生命阶段的生产成本、生态环境影响及其控制成本等,从而为企业降低相关生产成本及制定绿色设计策略提供路线参考,并进而保证产品所处生态系统的结构及功能实现优化和获取新的平衡。值得注意的是,绿色产品设计虽然形式上会在产品生命周期轴线上针对产品不同阶段的性质、特征展开分阶段的权衡与分析,但最终仍会以一种统管全局的方式去制定相关的设计策略及实施细则。所以,从本质的角度去思考的话,绿色设计是对现代产品设计影响要素、设计手法、设计策略等的新综合,并在此基础上实现了产品设计生存空间的有效拓展。

三、绿色营销策略的组合

(一)绿色渠道、终端策略

结合营销渠道的定义和绿色营销的思想宗旨,绿色渠道是指在绿色产品从绿色生产者向绿色消费者转移的过程中,由众多执行商品流通职能的不同类型的绿色组织机构组合形成的通道,且媒介绿色产品流通的整个过程均符合可持续发展要求的销售渠道。除了具备一般营销渠道的特征,绿色渠道又有着与传统渠道不同的特色。首先,通过绿色渠道流通的商品是绿色产品。这与传统渠道是相区别的。其次,绿色渠道的构成成员必须是绿色组织,要求这些组织从指导思想、经营理念到具体操作、设施配备都要符合可持续发展的要求。

1. 绿色渠道建立的原则

(1)品质保证原则

由于绿色产品的特殊性,要求在整个实物移动过程中要确保各个环节无污染,要杜绝或严控对产品品质的影响。

(2)生态保护原则

这一原则主要体现在物流过程中。渠道本身应该是洁净的、无污染的。产品的装卸、存储、运输等环节要加强环保控制,整个物流过程应使用耗能少、具备污染控制装置的设备。能源、燃料选择上要尽量使用再生、环保和低污染能源。

(3)效益原则

绿色渠道在满足基本功能的基础上,投入费用应尽可能低,收益尽可能大。费用的降低一方面可以促使相关成员效益的提高,另一方面可以让利于顾客。

(4)适应原则

绿色渠道的建立要与企业自身相适应,主要是要与企业的实力、行业、战略规划相适应,要与企业所生产产品的类型以及目标市场情况相适应。

2. 绿色渠道网络的选择

（1）关于渠道网络的类型

绿色渠道网络主要分为自营型和契约型两种。自营型渠道是指企业自己组建的属于企业经营体系一部分的渠道网络。契约型渠道是指企业与渠道成员签订契约，由相关成员负责企业产品的销售。契约型渠道本质上是产销分离。

（2）关于渠道网络的宽度

由较多渠道成员组成的渠道网络体系被称之为宽渠道。宽渠道的优点是分销速度快，缺点是渠道成员间存在竞争和冲突，单个成员的业务量较小。由较少的渠道成员组成的渠道网络体系被称之为窄渠道。窄渠道的优点是易于控制，其缺点是接触的市场面比较小。

（3）关于渠道网络的长度

由多个销售环节构成的渠道网络体系称之为长渠道。其优点是可以把绿色产品销往较远的地方，缺点是因为环节的增多，使整个交易成本增加，环节间摩擦较多。由较少的销售环节构成的渠道网络体系被称之为短渠道。其优点是交易成本较低，摩擦少，缺点是不利于远方市场的开拓。

（4）绿色渠道成员的选择

除了考虑普通渠道建立的一般原则，选择绿色渠道成员还应该注意以下方面。

①渠道成员是否具有较强的生态保护意识，在社会上有没有好的绿色形象。

②成员是否能提供符合绿色营销要求的渠道。

③在运输工具、仓储、燃料等的选择上是否符合绿色营销的标准。

（二）绿色促销、推广策略

绿色促销是以绿色产品销售为中心的促销活动。是指通过绿色推销、绿色广告、绿色公共关系等方式，来传递绿色信息，吸引消费者对绿色产品的需求，并最终促使消费者购买。

1. 绿色沟通

绿色沟通把绿色理念融入沟通过程中,使企业与外界的沟通过程有了"可持续发展"和"社会责任"的约束。在推广和实践环境保护、可持续发展的同时,绿色沟通还有助于企业树立绿色形象、获得相关支持。绿色沟通的重点在于唤起顾客的绿色需求。绿色沟通的步骤如下。

(1)确定目标受众

绿色沟通的起点是确定目标受众沟通对象。绿色沟通的目标受众既包括现存的受众,又包括潜在的受众,具体包括消费者、政府、社会组织、媒体等。

(2)确定传播目标

针对不同的目标受众企业应制定不同的传播目标。对消费者的传播目标可以是宣传企业绿色产品、吸引消费者进行购买。对于环境组织的传播目标,企业可以通过沟通,使其加深对企业的了解,帮助企业树立绿色形象。对于政府的传播目标,企业更多的是需要得到相关支持。

(3)设计传播信息

绿色沟通所需信息资源主要通过市场调研和相关分析得到。有效的传播信息,可以促使受众发生企业预期的反应。传播信息一般应包括公司情况、产品情况、消费者基本特征等。

(4)传播渠道选择

传播渠道一般分为人员渠道和非人员渠道,既可以直接是消费者,又可以是不同的媒体和活动。

(5)预算编制

绿色营销沟通活动的预算编制主要考虑资金的使用效率,即投入产出比。同时还要注意在整个活动中尽量减少资源耗费和环境污染。预算编制的主要方法有经验法、销售额百分比法、量入为出法等。

（6）效果评估

效果评估是以传播目标为标准进行衡量的。主要包括受众对企业相关信息记忆的程度如何，对相关信息的关注焦点在哪里，对企业和产品的态度有没有因此而发生变化等。

2. 绿色广告

绿色广告是一种推广企业绿色产品，倡导环境资源保护和健康消费的广告活动。

（1）绿色广告的相关决策

一个成功的广告方案包含很多因素。在整个广告决策过程中，以下因素是最主要的：

①使命：绿色广告要达到的目标。一般包括向消费者介绍企业绿色产品的性能，本公司的绿色竞争优势等。

②经费：经费预算是广告决策应该考虑的重点问题。广告的特殊性，使其在经费预算的数额上可以有极大弹性，因此要根据实际情况平衡好广告开支与宣传效果，以此确定合适的预算数额。

③媒介：传递广告信息的媒介选择也非常重要。企业广告要达到什么目的、主要受众在哪儿、哪种媒体最有效、所选媒介是否符合"绿色"要求，这些都是选择媒介时首先要考虑的。如今，在媒体多样化的背景下，可供企业选择的媒介很多。整个选择过程中，应当注意广告成本，宣传效果，媒体的目标顾客覆盖率等因素。

④信息：企业希望广告中的哪方面信息给顾客留下深刻印象，就要将这部分信息与营销组合中的其他因素配合使用，要在宣传方向上相一致。

⑤衡量：对绿色广告要进行事前和事后的相关测量，以衡量广告是否达到了预期效果。

（2）广告的绿色化问题

广告作为与人们最为密切的企业活动之一，对我们的日常生活有着非常重要的影响。随着市场竞争的加剧以及媒体多样化、专业化等趋势的出现，广告的负面作用越来越引起人们的关注。

广告本身需要大量的资金投入，又会引发激烈的竞争。从这个角度讲，广告会增加企业负担，加重资源耗费，提高商品价格，影响顾客利益。由于广告种种负面作用的存在，近年来，广告绿化问题成了社会和企业关注的重点之一。对广告是否"绿色化"的衡量，主要有以下标准。

①广告内容要真实。如果广告夸大产品性能或用途，则会大大降低人们对企业和产品的信任度，甚至引发抵制情绪。

②广告要着眼于顾客的切身利益，而不是单纯从企业利益或其他方面考虑。

③在绿色环保的基础上，要创造出自己独特的风格和吸引力。

④注重媒体的选择。那些社会信誉良好、与绿色产品宣传匹配度较好的媒体是首选。

⑤广告是整个营销推广策略中的一部分，广告要注意与其他相关策略的配合和衔接。

广告要追求有效且适度的宣传效果，不能狂轰滥炸，那样不仅会造成视觉和听觉的污染，而且浪费资源。

3. 绿色企业形象

企业形象是企业的无形资产，现代企业必须注重企业形象的树立。在可持续发展的时代背景下，企业形象逐步成为关乎企业生存与发展的重要因素。对实施绿色营销的企业，树立绿色企业形象更应该是企业的战略重点。绿色企业形象对企业的影响是深远的、多方面的。主要表现在企业形象影响着企业的整体发展方向。

企业形象战略，可以更好地整合企业内部资源，发挥协同效应。同时，良好的绿色企业形象还会增强产品竞争力。有良好的企业形象作为保障,新产品推出时,顾客往往会带着一种信赖感更积极地去尝试。另外,良好的绿色企业形象,也会增加投资者的信心,给企业带来更多、更长远的利益。

树立绿色企业形象的主要原则有以下几点。

(1)尽早实施和宣传企业的绿色营销战略。在企业形象中,一个很重要的因素是消费者的信任,而消费者往往对于行业中的领先者更加信任。

(2)借助其他组织和各种活动树立企业绿色形象。企业可以借助环保组织、政府部门或绿色声誉较好的组织来宣传和树立自己的绿色形象。

(3)宣传要适度。过度宣传只会适得其反,不利于企业绿色形象的塑造。

四、新媒体绿色营销的特点和对策探究

21世纪以来,随着互联网技术和信息技术的飞速发展,微信、微博等新媒体如雨后春笋一样逐渐多了起来,它们与电视等传统媒体一道,成了现代企业开展市场营销的主阵地。与传统媒体营销比较而言,新媒体绿色营销有着特定的优势,在全球范围内受到了普遍欢迎,并收到了良好的效益,这是历史发展的必然趋势。

(一)新媒体绿色营销的概念和特点

充分认清新媒体绿色营销的概念和特点,是查找目前新媒体绿色营销存在问题,积极探索行之有效的改进策略的基础和前提。

1. 新媒体绿色营销的概念

要想科学理解新媒体绿色营销的概念,必须首先界定"新媒体"和"绿色营销"的含义。所谓新媒体,即指伴随着网络信息技术发展而出现的有别于报纸等传统媒体的新型媒体,最常见的新媒体就是微博、微信等。新媒体的出现变革了传统媒体传播信息的形态,极大地改变了人们的生活以及企业的营销方式。所谓绿色营销,即指企业秉持可持续发展的理念,在针对自身产品市场营销的过程中注重做好环境保护工作,注重消费者的喜好,追求经济效益、社会效益和环境保护效益的统一。由

此,我们可以看出,新媒体绿色营销是指企业借助新媒体等手段,以绿色环保原则来指导企业的管理、决策、生产和营销工作,实现企业的长期可持续发展。

2. 新媒体绿色营销的特点

第一,公共性。所谓公共性,是指现代企业和消费者都要秉持绿色环保的理念。企业要实现绿色生产、绿色营销,消费者也要积极购买市场上的绿色产品,共同推动全社会的环境保护工作。

第二,同质性。所谓同质性,是指目前全球范围内的不同国家和地区、不同的产业和行业都在普遍倡导和推行新媒体的绿色营销,这是世界未来发展的必然趋势,不可阻挡。

第三,环保性。所谓环保性,是指企业在进行市场营销的过程中必须实现环境保护效益、经济效益、社会效益三者的有机统一,抛弃传统落后的营销模式。

第四,综合性。所谓综合性,是指企业在新媒体绿色营销的过程中,往往会综合使用社会营销、生态营销等各种营销手段,实现企业效益的最大化。

(二)新媒体绿色营销面临的困境

在过去的几年里,我国不少企业已经开始尝试采用新媒体绿色营销的模式,虽然取得了一定的成效,但也面临着一系列的困境。具体来说,主要体现在以下几个方面。

1. 思想观念落后

思想观念决定着人们的行为。目前,我国不少企业的管理者思想观念较为落后,不仅没有认识到互联网技术和信息技术的发展大势,也没有认识到传统媒体营销手段的弊端,更没有认识到新媒体绿色营销的极端重要性。长此以往,这些企业很难实现营销手段的创新,逐渐在激烈的市场竞争中失去优势。

2. 专业人才缺乏

人才是第一位的。众所周知,一直以来,我国部分高校开设了市场营销专业,培养了相应的专业人才。然而,就新媒体绿色营销工作而言,它对人才的眼光和胸怀、专业知识和技能等有着较高的要求。目前,我国高校还不能及时培养和输送这方面的高素质人才,造成目前很多企业很难有效开展新媒体绿色营销工作。

3. 危机机制不健全

在风云变化的现代社会,网络信息技术是一把双刃剑,它在带给企业方便的同时也蕴藏着一定的风险。也就是说,企业在推行新媒体绿色营销的过程中,如果方法得当、进展顺利,企业就会极大地提高自己的市场竞争力,获得良好的经济效益。然而,一旦企业决策失误,它将对企业造成一定的负面影响。目前,我国很多企业缺少这种危机机制。

(三)新媒体绿色营销创新发展的对策

鉴于新媒体绿色营销的重要性、必要性,针对目前企业推行新媒体绿色营销中存在的问题,积极探索新媒体绿色营销创新发展的可行对策意义重大。

1. 打造高素质骨干人才队伍

要想打造高素质骨干人才队伍,现代企业管理者必须对新媒体绿色营销给予足够的重视,加大人力和物力投入,积极引进相关专业人才。同时,企业还需要对现有员工开展定期和不定期的培训,帮助他们掌握最前沿的新媒体绿色营销知识和技术,进而提升整个企业的绿色营销能力。

2. 积极整合现有营销渠道

在市场实践中,有效的营销渠道多种多样,主要分为传统媒体营销渠道和新媒体营销渠道,它们各有优缺点,能够实现互相补充、互相促进。因此,现代企业要想做好新媒体绿色营销工作,必须积极整合现有营销渠道,发挥它们的最大优势和作用,为新时代企业的新媒体绿色营销工作提供支撑。

参考文献

［1］叶小鱼,勾俊伟,秋叶.新媒体文案创作与传播［M］.北京:人民邮电出版社,
　　2017.

［2］毕伟.互联网时代的新媒体［M］.兰州:甘肃科学技术出版社,2017.

［3］陈楠华.口碑营销［M］.广州:广东经济出版社,2017.

［4］朱华锋,朱芳菲.营销策划理论与实践:第4版［M］.合肥:中国科学技术大
　　学出版社,2017.

［5］马莉婷.网络营销理论与实践［M］.北京:北京理工大学出版社,2017.

［6］郭英,潘娅.市场营销理论与实务［M］.北京:北京理工大学出版社,2017.

［7］刘思源,张金.大数据大营销［M］.北京:中国发展出版社,2017.

［8］熊猫鲸.疯转:新媒体软文营销72法则［M］.北京:中国铁道出版社,2017.

［9］宫承波.新媒体概论(第6版)［M］.北京:中国广播电视出版社,2017.

［10］林亚红,王珏.数字媒体创意应用［M］.上海:东华大学出版社,2017.

［11］张其金.开创移动互联网新商机［M］.北京:中国商业出版社,2017.

［12］杜启杰.互联网时代的企业新思维［M］.北京:中国言实出版社,2017.

［13］黄圣淘.新融合后"互联网+"时代赢利模式创新［M］.北京:企业管理出版
　　社,2017.

［14］卫海英,杨德锋.营销管理教学案例集［M］.广州:暨南大学出版社,2017.

［15］刘笑微.微电影广告营销与制作［M］.北京:中国电影出版社,2017.

［16］赵宁,彭晶.高校新媒体工作理论与实务［M］.北京:群言出版社,2017.

［17］彭雷清.内容营销新媒体时代如何提升用户转化率［M］.北京:中国经济出

版社,2018.

［18］徐卫东,孙军正.互联网时代的银行营销［M］.北京:煤炭工业出版社,2018.

［19］李东临.新媒体运营［M］.天津:天津科学技术出版社,2018.

［20］王微微."互联网+"新经济背景下的市场营销［M］.成都:四川大学出版社,2018.

［21］余军.互联网金融首席营销官［M］.广州:华南理工大学出版社,2018.

［22］王海宁.营销十年［M］.北京:企业管理出版社,2018.

［23］王卫民."互联网+"时代的企业品牌营销创新与发展研究［M］.成都:电子科技大学出版社,2018.

［24］侯韶图.新零售时代的智能营销［M］.北京:中华工商联合出版社,2018.

［25］刘晶,方蔚,彭晓艳.移动新媒体写作［M］.武汉:武汉大学出版社,2018.

［26］郭栋.网络与新媒体概论［M］.西安:陕西师范大学出版社,2018.

［27］刘冰.网络营销策略与方法［M］.北京:北京邮电大学出版社,2019.

［28］黄益.互联网时代背景下新媒体营销策略研究［M］.长春:吉林大学出版社,2019.

［29］向登付.新媒体运营与营销实操手册［M］.北京:中国商业出版社,2019.